■■■■ 科思论丛 本书由中国劳动保障科学研究院资助出版

技术进步、就业 与养老保障

TECHNOLOGICAL PROGRESS, EMPLOYMENT
AND PENSION SECURITY

张 兴 著

社会科学文献出版社
SOCIAL SCIENCES ACADEMIC PRESS (CHINA)

图书在版编目(CIP)数据

技术进步、就业与养老保障/张兴著. -- 北京：
社会科学文献出版社，2017.12
（科思论丛）
ISBN 978 - 7 - 5201 - 1965 - 8

Ⅰ.①技…　Ⅱ.①张…　Ⅲ.①技术进步 - 影响 - 劳动
就业 - 社会保障 - 研究 - 中国②技术进步 - 养老 - 社会保
障 - 研究 - 中国　Ⅳ.①D669.2②D669.6③D632.1

中国版本图书馆 CIP 数据核字（2017）第 314566 号

科思论丛
技术进步、就业与养老保障

著　　者／张　兴

出 版 人／谢寿光
项目统筹／刘　荣
责任编辑／单远举　刘向宁　陈红玉

出　　版／社会科学文献出版社·独立编辑工作室（010）59367011
　　　　　地址：北京市北三环中路甲 29 号院华龙大厦　邮编：100029
　　　　　网址：www.ssap.com.cn
发　　行／市场营销中心（010）59367081　59367018
印　　装／北京季蜂印刷有限公司

规　　格／开　本：787mm × 1092mm　1/16
　　　　　印　张：12　字　数：155 千字
版　　次／2017 年 12 月第 1 版　2017 年 12 月第 1 次印刷
书　　号／ISBN 978 - 7 - 5201 - 1965 - 8
定　　价／79.00 元

本书如有印装质量问题，请与读者服务中心（010 - 59367028）联系

序 言

人类最大的野心就是掌控时间。受认知水平和实践能力的束缚，人类在面对自然和社会时总是感到不安，对未来的风险和不确定性心生恐惧。于是，作为地球上智性最高的物种，人类总是通过各种方法来管理风险和不确定性，以便及早采取应对之策。古代基于天人感应的占卜和今天基于理论模型的预测都是管理未来的一种方法。尽管理论模型可以通过概率赋值的方式对已经进入认知领域的事物未来发生的可能性进行估测，但对于不确定性（不知道未来会发生什么）却无能为力，科学止步于此，勉强为之，则与占卜无异。因此，人类的认知和实践都具有历史性，认知的时间长度和实践的空间广度都是有限的。

马克思曾言：人的本质在其现实性上是一切社会关系的总和。人在社会中进行认知和实践，每个人的认知和实践都是社会的组成部分，都会通过经济的、社会的、政治的、文化的等社会关系网络向他人传递，都会像"蝴蝶效应"那样扰动整个社会。每个人每时每刻的扰动会使社会充满不确定性，在此过程中人们会创造出自己无法理解和不可控制的新事物。这就给研究经济社会问题的人们带来无尽的困惑。

对于研究养老保障的从业者而言，养老保障的不确定性在哪里？

养老保障制度的核心参数包括人口、就业、工资等，如果有不确定性的话，也只能发生在它们当中。

是人口吗？不是，人们可以根据生命周期表来预测未来人口总量及年龄结构分布，只要不出现大的天灾人祸，预测的结果总不至于太离谱。

是就业和工资吗？是的。这似乎与直觉不符。就业和工资不是一直在增长吗？会有什么不确定性呢？

这里有两个问题需要回答：第一个问题，虽然就业和工资在过去一直增加，但能够保证它们在未来一定会持续增加吗？第二个问题，过往就业的增加有没有可能包含"虚增"的成分呢？

而要回答这两个问题，我们需要寻找支配就业和工资的力量。没错，它就是技术进步。技术是人在认识和改造自然的过程中发展起来的，是人类文明的重要组成部分。技术进步本身充满不确定性，它何时发生，由谁发起，向何处走，没有人能够准确预测。但有一点是肯定的，那就是从单纯人的好奇心和宇宙关怀的产物，到在资本和权力的支配下有组织、有目的、有计划地创造、开发和利用，技术已不再是"价值中立"的化身，它与资本结合得越来越紧密，为资本的利益服务，而与普罗大众的长远利益渐行渐远。科学技术发展到今天，再往前走，没有强大的资本支持几乎没有成功的可能。

技术进步不断改变着经济社会，改变着生产要素的结构和社会生产方式，从工场手工业、机器大工业到如今的互联网、物联网、智能制造、无人工厂、无人商场，人在社会生产中的地位发生着越来越不利的改变。人们似乎还未完全看清这种改变的趋势，或者即使看清了也不愿意相信，仍然将科学技术看作单纯地推动社会进步的力量，想象着它能够创造极丰富的物质产品，也能够在消灭旧的工作岗位的同时创造更多新的工作岗位。从历史上看，第一次技术革命以来，世界人口增长那么多，就业问题不是解决得很好吗？技术进步似乎有着神奇的力量，总能让人类社会"化险为夷"。

事情果真是这样的吗？那么周期性的经济危机又是怎么回事呢？

人们总是用货币政策、金融政策、财政政策来解释起因，又将货币政策、金融政策、财政政策作为手段来解决问题。结果是经济危机一次比一次更具有破坏性，最近的一次是2008年的美国次贷危机引起的全球经济萧条，近10年过去了，全球经济仍无明显转好的迹象。为什么西方世界就是不愿意承认这是社会生产相对过剩与社会需求相对不足矛盾的结果呢？为什么不愿意承认这是资本收入份额上升、劳动收入份额下降以及劳动者内部收入两极分化的结果呢？不正视矛盾，不改变社会收入分配结构，经济危机还将周而复始地上演。那么，不断增加的就业怎么解释呢？

就业要增加，经济循环的链条就不能断，特别是消费这个环节的链条不能断。在社会总需求相对不足的情况下，就要靠信用创造来维持。通常有两种方式：一种是政府出售信用，利用财政杠杆来刺激社会需求；另一种是居民透支信用，在金融的帮助下，居民举债消费。于是经济链条补齐了，一切回归正常。但别忘了，这些都是"虚增消费能力"，即超过由国民收入水平及结构决定的消费能力。"虚增消费能力"的维持需要持续的积极财政政策和量化宽松的货币政策，以政府和私人债务可以持续增加为前提。但经济泡沫迟早会破裂，就像2008年的美国次贷危机引发的至今持续近10年的经济危机。"虚增消费能力"一旦被打回原形，商品就会出现全球性的过剩。如果从危机时的经济状况看，在危机前的很长一段时间里，全世界都在为"虚增消费能力"而生产。"虚增消费能力"对应的是"虚增就业"，就业矛盾被暂时地掩盖，但将来可能以一次比一次更尖锐的姿态出现，直至最终崩溃。

令人难过的是，崩溃的步伐很可能由于以信息技术为标志的第三次技术革命的到来而大大加快。这次技术革命与前两次技术革命有着本质的不同。如果说前两次技术革命在于替代人的体力，没有人的脑力参与（主要是认知、协调、行动等能力）社会生产尚不能完成的话，那么第三次技术革命将逐渐替代人的脑力劳动，使社会生产活动绕开大多数人的参与成为可能。这种情况会首先发生在工业领域，各国陆续推出的智能制造计划已经对此作了注解。很快它将向生产性服务业蔓延，继而向生活性服务业蔓延。因为，在经济全球化的今天，一个国家的企业生产已经是世界性的了，要想在激烈的市场竞争中取胜，低成本、高效率是必要条件，技术落后意味着被市场淘汰，任何企业都不敢放慢技术进步的步伐。

人类发现了科学，发明了技术，按理应对科技发展有主导权和控制力。然而，在当代社会，全球化、市场化、技术进步等各种力量交织在一起，技术进步开始逐渐脱离人的控制，自觉而野蛮地生长。当智能机器、无人工厂、无人商场、互联网、物联网等大量消灭商品生产和流通的中间环节，大量取代人工时，那些失去工作的人去哪里获得有收入的就业呢？比较可能的方向是涌入服务业。且不说第一、二产业工人的减少会降低对服务业的需求，即使服务业能够提供就业岗位，从业者也仅能获得微薄的收入，而且必定存在过度竞争。如果人类不完善社会政策，就业和国民收入分配状况将不断恶化。

事实上，技术进步已经通过改变社会生产系统来影响就业和国民收入分配格局，只不过它今后的影响将更强烈、更快速、更加不确定。这将对包括养老保障在内的所有社会政策构成严峻的挑战。对养老保障制度而言，就业是其根本，无就业则无收入，无收入则养老保障制度将成为"无源之水、无本之木"。因此，研究养老保障问题，应以更开阔的视野、更深层次的思考，跳出养老保障本身来审视从根本上影响养老保障的力量及其传导路径。如此，才可能认清事态发展的规律，未雨绸缪地找到解决之道。

本书对技术进步、就业与养老保障问题的研究依据理论、逻辑

推理和对以往资料的加工整理，得出一些判断。但理论的运用是有
前提的，现实的样本不能完全符合它的要求；世界是不确定的，它
的运转未必合乎逻辑；未来的信息在当前的研究中也得不到反映，
单纯依靠历史很难预测未来。因此，本书只是一种探索，不妥、不
当之处敬请各位读者批评指正。

张 兴
2017 年 10 月于北京

目　录

引　论

一　写作本书的目的

养老保障制度①自诞生以来，由于与经济社会、民生福祉休戚相关，因而持续受到各国政府和人民的密切关注。从单一制度到多层次制度体系，养老保障制度已经成为各国重要的社会基础设施。其中，由政府举办的、强制参加的、现收现付的社会养老保险性质的养老制度，是许多国家主体性的基本养老保障制度，起着保障民生、维护社会安全的重要作用。

然而从经济社会制度的整个序列来看，基本养老保障制度的排序比较靠后，这意味着能够影响它的经济社会变量较多，而它能够

① 养老保障制度目前在许多国家已经发展成为多层次的制度体系。按照世界银行的提法，一个完整的养老保障制度体系由四个支柱构成："零支柱"，通常为由政府负担的福利性老年收入保障计划，目的是防止老年人陷入贫困，满足最底线的生活需求。"一支柱"，通常为强制性的、现收现付的社会养老保险制度，代与代之间、同代人内部之间互助共济、共同分担老年经济风险，制度设计兼顾效率与公平，是很多国家主体性的基本养老保障制度；"二支柱"，通常为企业和机构为雇员提供的各种职业年金计划，既是企业和机构人力资源管理的一种手段，又服从于国家养老保障制度体系的总体安排。"三支柱"，为个人养老金计划，个人自愿参加，旨在提高老年生活保障水平，属于"锦上添花"式的制度设计。鉴于"二支柱"、"三支柱"采取企业和个人自愿参加的原则，没有待遇刚性兑付的财务要求，且多为分散的个人风险，不会引发大的社会风险，因而从社会风险管理的必要性和紧迫性看，这两项制度都不是本书关注的重点。"一支柱"实质是一份社会契约，规定着政府、企业和个人的责任与权利，该制度能否健康运行关乎社会稳定，因而是本书关注的重点。故本书在谈论养老保障问题时，针对的是"一支柱"，即基本养老保险制度（也称国家公共养老金制度），实行现收现付制，或以现收现付制为主体。

影响的经济社会变量较少，处于一种相对被动的地位。政府即使通过调整制度参数来主动施加影响，也要考虑经济社会的承受能力。因此，研究基本养老保障制度问题，不能把眼光局限于制度内参数的调整，局限于纯粹技术性的财务平衡目标，而要将之置于经济社会的大背景之下，分析对它产生决定性影响的经济社会变量的流变和趋势，观察它的历史局限性，寻找在新的历史条件下克服局限性的方法。

由于基本养老保障制度以劳动者的收入（目前仍以工资性收入为主）为筹资来源，而产业是经济发展的基础，产业规模、结构及类型决定了就业的总量、质量、类型和结构，就业的总量、质量、类型和结构又决定了参保人的收入水平及稳定性，进而决定了基本养老保障制度筹资的规模及稳定性，因此，与基本养老保障制度关系最密切的经济社会变量就是产业、就业和收入。产业发展、就业增加、收入增长是许多国家基本养老保障制度筹资的"源头活水"。在中国，经济发展目前已经进入新常态，转方式、调结构是主线，几乎所有的企业尤其是广大中小微企业面临转型升级的巨大压力，这将冲击就业的总量、质量、结构和稳定性，进而冲击基本养老保障制度的参保缴费人数、缴费水平。

既然就业和收入直接决定着基本养老保障制度的筹资能力，我们就需要关注就业和收入的变化，分析影响就业和收入的主要因素。我们可以从制度、文化、体制等诸多方面找原因，但这些都属于上层建筑，自身也被经济基础决定着，处于不断调整的过程之中，具有历史性。我们的目标是寻找带有根本性的、能够左右趋势的力量。这种力量"不为尧存，不为桀亡"，自人类文明初始，就一直在向上生长。毫无疑问，它就是技术进步。技术进步对人类社会的影响，从社会形态、世界格局的变迁，到生产生活方式、思维行为方式的调整，无处不在，无时不有。技术进步的影响如此广泛和深入，它与经济和产业的关系如此密切，必定会通过影响就业和收入作用于基本养老保障制度。

基于此，本书就技术进步、就业与养老保障之间的关系作如下逻辑推演。

一方面，随着技术进步及技术进步引起的资本深化的加速，技术密集型企业和资本密集型企业的数量和规模会快速增加。尤其是在智能制造、互联网、物联网、大数据、云计算等技术的推动下，不仅是工业，即使是目前能够吸纳就业的生产性服务业和生活性服务业也都在进行技术变革和资本深化。技术密集型和资本密集型企业的特点是"高增长，低就业"，即创造的 GDP 多而吸纳的就业相对较少。在以劳动收入为缴费来源的基本养老保障制度下，这类企业对基本养老保障贡献的缴费与经济能力不相匹配。而广大传统的劳动密集型企业（主要是中小微企业），虽然创造的 GDP 份额相对较少，但吸纳就业的数量多，对基本养老保障贡献的缴费多，其基本养老保障缴费负担、就业容纳能力与经济能力同样不匹配。如果不改变企业社会责任与经济能力失衡的状况，势必造成企业提供的就业岗位越多，对社会稳定贡献越大，其基本养老保障缴费负担越重，这无疑会抑制劳动密集型企业的发展，影响这些企业缴费的能力及意愿，也会加快这些企业用资本和机器替代劳动的步伐。

另一方面，从全社会来看，随着技术进步、资本深化带来的产业结构升级、企业技术革新和生产流程再造，资本和劳动收入分配失衡的结构性矛盾会加剧，表现为劳动收入在初次分配中的比重持续下降；而在劳动收入当中，精英管理、技术阶层与普通工薪阶层的收入结构也呈两极分化趋势。如果这种趋势不加制止，其结果是：①国内生产总值或国民总收入中用于基本养老保障缴费的部分越来越少，决定了参保人只能获得相对水平越来越低的养老金待遇；②由于劳动者内部收入差距扩大，低收入者缴费更加困难，而高收入者越来越多的收入不进入基本养老保险缴费基数，基本养老保险基金池子里的水也相对越来越少。这都对基本养老保障制度构成了严峻的挑战，威胁着基本养老保险制度的健康可持续发展。

以上推论只是直观的逻辑推理和判断，只是一种可能性，真实的答案还要从对历史和现实的分析、对未来发展趋势的把握当中去寻找。从技术进步入手，经就业和收入分配，再到养老保障，这是一条既简单又复杂的逻辑链条。说它简单，是因为逻辑关系似乎很简单明了；说它复杂，是因为证明逻辑关系的存在是一项艰苦的工作，而且充满不确定性。

如果从逻辑出发，研究收入分配对基本养老保障筹资的影响更为适宜。利用收入分配的数据来分析参保人缴费能力的变化可以对过往的情况作总结，结论相对可靠。但这不能回答基本养老保障未来筹资能力的变化。而研究的主要目的是要回答未来的问题，这就要研究收入分配将来如何变化，就业将来如何变化，重要的是找出背后的原因。或许有人会质疑，每个领域都有专门的研究，将相关研究成果拿来应用即可，不必作通盘式研究。这种将社会分工的理念用于社会科学的方法，需要回答如下问题。

首先，各领域的相关研究有共识吗？从对现有文献的梳理来看，它们看问题的角度不同、逻辑不同、价值判断不同、数据资料不同、方法不同，得出的结论存在差异。尤其是在一些要明确回答"是"或"非"的问题上，不少结论模棱两可。社会科学的复杂性、不确定性，让从事研究的人很难窥得全貌，大家都好像是在摸象，但得到的又都是自己假设、推导、求证的象，谁有底气说自己描述的象就是真实存在的象呢？可见，简单的"拿来主义"未必可行。

其次，只作局部、不作全局的研究方法可行吗？如果研究者都像流水线上的工人，只埋首眼前那点事，他又怎能知道系统的运行方式呢？对于社会科学从业者而言，不研究大系统，又怎么能对小系统产生深切的认知呢？如果仅限于知晓本专业领域的事情，而对相关领域的事情知之甚少，甚至充耳不闻、置之不理，不能形成自己的逻辑、理解和判断，那么所取得的研究成果又怎能产生直指人心的力量呢？

将碎片化的知识拼接起来去求解问题，就好比将一堆小舢板捆在一起就企图制造出航空母舰。没有了逻辑和结构，研究就不会产生灵魂和力量。只有作通盘式的研究，明晰事物运行的架构和机理，才能观其大略，知其然又知其所以然。

综合性的研究终归需要有人来做。本书试图跳出养老保障制度本身，描绘技术进步、就业和养老保障之间关系的"全景图"，以更加宏观的视野审视基本养老保障制度的地位、功能及缺陷，合理诠释政府、企业、个人的筹资责任，提出基本养老制度应对经济社会变化的策略及办法。这是一项具有挑战性的跨领域研究，我乐于尝试。

这就是写作本书的目的。

二　研究现状及评论

技术进步（或近似理解为产业结构升级、企业技术改造）对就业的影响是直接的，对社会保障的影响是间接的。技术进步要通过影响就业（总量和结构），再由就业及就业决定的社会收入分配来影响社会保障的筹资能力。

因此，文献综述的基本逻辑是：技术进步影响就业和资本深化，就业和资本深化影响劳动者收入水平和结构，从而影响社会保障的筹资能力。技术进步对就业的影响又分总量和结构两个维度，其中对就业结构的影响是通过产业结构变迁来实现的，故而也需研究技术进步对宏观产业结构变化的影响。

（一） 研究现状

基于研究任务的需要，本书着重从以下七个方面来把握研究现状。

1. 技术进步对产业结构变迁的影响

技术进步是影响一个国家产业结构的最重要、最积极的因素之一。每次技术的重大进步都会引起产业结构的重大变革。技术进步将直接地或间接地影响社会供给与需求的结构，引导产业结构变动。从社会供给来看，一方面，技术进步会在催生新产业的同时淘汰落后产业；另一方面，发生在已有产业的技术进步会改变该产业的生产要素投入结构，使其生产结构和规模边界发生改变。在两方面的综合作用下，整个产业的质、量、结构都会发生改变。从社会需求来看，很多技术进步是为了适应市场需求、满足各个生产部门的需求而产生的，社会需求总量的扩大、需求层次的提升对产业生产要素的质量、数量、结构提出新的要求，从而促使产业结构发生相应变动。[1]

技术进步通过多种路径影响产业结构变迁。谢旭认为技术进步通过示范效应、优化效应、创新效应、放大效应、优势效应五大效应来直接或间接地影响一个国家和地区产业结构的变化，示范效应、优化效应、创新效应、优势效应依次发挥主导作用的是产业结构变动前期、变动初期、大变动时期和成熟期。[2] 朱燕将劳动力转移视为"桥梁"，认为技术进步通过形成新的产业分工来使劳动力发生转移，进而使产业结构发生变化。[3] 张晖明、丁娟则从供给和需求两方面分析了技术进步对产业结构变化的影响。供给方面：技术进步会提高

---

[1] 杜春亭：《技术进步与产业结构演进机理研究》，《陕西青年管理干部学院学报》2000 年第 4 期，第 33 页。

[2] 谢旭：《技术进步对产业结构的影响》，《科学学研究》1987 年第 4 期，第 68 页。

[3] 朱燕：《技术进步对中国产业结构升级影响研究》，《现代商贸工业》2010 年第 3 期，第 3 页。

劳动生产率；提升生产的社会化、专业化和规模化程度，引起各产业比重的调整；提升劳动者素质，为持续的技术进步和新兴产业的出现、兴起准备人才。需求方面：技术进步产生新机器设备，扩大劳动对象的范围，引起社会再生产过程中需求结构和中间投入结构变动，引导产业结构的变化；提升产业的技术素质、产品质量，优化成本结构，增强国内产业在全球市场上的竞争力，使产业结构变化具有世界意义；促使原有产业更新换代，形成新兴产业，创造新需求。①

技术进步促进产业结构升级。朱国栋认为技术进步使产业结构呈现从低层次向高层次发展的趋势，依次出现了"劳动密集型"产业、"资金密集型"产业、"技术密集型"或"知识密集型"产业。② 杜春亭认为技术进步促进高新技术产业的发展，使产业结构出现"第三产业化"的发展趋势，"知识密集型"产业和"技术密集型"产业正在取代"资本密集型"和"劳动密集型"产业。③

技术进步对中国产业结构的实际影响比较复杂。如张永鹏等分析了技术进步对重庆市产业结构的影响，得出技术进步对第一、三、二产业的结构影响逐渐减小的结论。④ 蒋永彩分析了贵州的情况，认为由于贵州目前仍处于工业化初期阶段，技术进步对产业结构优化的贡献不大。⑤ 李健等做了 1978～2006 年的时间序列分析，发现技术进步对产业结构的影响不大，主要原因是中国处于技术引进消化、技术模仿和自主研发的过渡期，自主创新力度还不够。⑥

---

① 张晖明、丁娟：《论技术进步、技术跨越对产业结构调整的影响》，《复旦学报》（社会科学版）2004 年第 3 期，第 81 页。
② 朱国栋：《试论技术进步与产业结构》，《教学与研究》1993 年第 3 期，第 73 页。
③ 杜春亭：《技术进步与产业结构演进机理研究》，《陕西青年管理干部学院学报》2000 年第 4 期，第 33 页。
④ 张永鹏、苟靠敏等：《技术进步对产业结构影响的实证》，《统计与决策》2009 年第 12 期，第 72 页。
⑤ 蒋永彩：《技术进步对贵州产业结构优化的影响研究》，《区域经济》2015 年第 1 期，第 145 页。
⑥ 李健、徐海成：《技术进步与我国产业结构调整关系的实证研究》，《软科学》2011 年第 4 期，第 8 页。

2. 技术进步对就业总量与就业结构的影响

技术进步对就业的影响，在经济社会发展的不同阶段有不同的表现，而且不同阶段人们的认识也不同。早期关于技术进步影响就业的观点主要有两种。一种观点认为技术进步会促进就业。Pissarides[1]、Paolo Pini[2]、Stoneman[3] 认为技术进步通过创造就业机会、扩大企业规模、增加产出等增加就业人数。D. J. 罗伯逊在《技术变革的经济影响》一书中提出技术进步不一定会减少对劳动力的需求，因为机器的生产、操作、维修都会增加对劳动力的需求。不仅如此，如果技术进步使社会总产量的增速高于人口增速，人们的实际收入会增加，会更加重视闲暇的价值，从而增加服务业就业人数。[4] 另一种观点则认为技术进步会对就业产生消极性影响。马克思的资本有机构成理论认为资本有机构成提高使机器夺走了工人的工作，对劳动力的需求减少，产生相对过剩人口。熊彼特认为技术进步的过程实际上是一个创造性破坏的过程，会造成企业倒闭和失业增加。[5] Douglas Jones 认为技术进步的"补偿效应"只能在一定程度上缓解失业问题，长期来看仍会增加失业。[6]

实际上，技术进步对就业的补偿效应和替代效应都不同程度地存在。每一次大的技术进步都会通过提高劳动生产率和资本有机构成来淘汰一些旧产业和旧岗位，但同时也通过开发新产品、新兴产

---

① Pissarides C. A., *Equilibrium Unemployment Theory*, Basil Blackwell, 1990, p. 146.

② Paolo Pini, "Technical Change and Labor Displacement: Some Comments on Recent Models of Technological Unemployment", *Economics of Structural and Technological Change*, 1997 (4), pp. 34 – 39.

③ Stoneman, *The Economic Analysis of Technological Change*, Oxford University Press, 1983, p. 49.

④ 罗润东：《当代技术进步对劳动力就业的影响》，《经济社会体制比较》2006 年第 4 期，第 65 页。

⑤ 熊彼特：《经济发展理论》，孔伟艳、朱攀峰、娄季芳译，北京出版社，2008，第148～202 页。

⑥ Douglas Jones, "Technological Change, Demand and Employment", in *The Employment Consequences of Technological Change*, Derek L., Bosworth (ed.), The Macmillan Press Ltd., 1983, pp. 140 – 143.

业来创造出一些新的就业岗位。[①]

  技术进步影响中国就业总量的实证结果并不明确。如齐建国的研究显示技术进步对就业的影响具有阶段性：技术进步在 20 世纪 80 年代增加了就业，在 90 年代却减少了就业。[②] 何平等发现企业科技活动对企业生存有正面影响，但对就业增长无效。[③] 王光栋认为技术进步对就业总量和就业结构的影响具有地区差异性，对欠发达地区就业总量产生不利影响。[④] 冯泰文等认为技术进步对制造业就业弹性的影响不显著。[⑤] 刘春燕认为短期内技术进步会减少就业，长期来看会增加就业，但是中国技术进步在促进产业结构调整的同时没有相应地促进就业。[⑥] 孙永君的实证研究结果表明技术进步促进了就业的净增加。[⑦] 陈心颖认为短期内技术进步对就业总量有消极影响，但长期的影响不显著。技术进步对不同细分行业就业总量的影响有明显差异，其中资本深化程度对就业影响显著。[⑧] 胡雪萍等[⑨]、魏燕等[⑩]的研究表明技术进步减少了中国东部、东北地区的就业量，但是增加

① 朱轶、熊思敏：《技术进步、产业结构变动对我国就业效应的经验研究》，《数量经济技术经济研究》2009 年第 5 期，第 110 页。

② 齐建国：《中国总量就业与技术进步的关系研究》，《数量经济技术经济研究》2002 年第 12 期，第 24 ~ 29 页。

③ 何平、骞金昌：《中国制造业：技术进步与就业增长实证分析》，《统计研究》2007 年第 9 期，第 3 页。

④ 王光栋、叶仁荪：《技术进步对就业的影响：区域差异及政策选择》，《中国软科学》2008 年第 11 期，第 151 页。

⑤ 冯泰文、孙林岩等：《技术进步对制造业就业弹性调节效应的实证分析》，《公共管理学报》2008 年第 4 期，第 19 页。

⑥ 刘春燕：《中国技术进步对就业影响的实证分析》，《金融与经济》2010 年第 8 期，第 56 ~ 59 页。

⑦ 孙永君：《技术进步是我国高增长高失业并存的原因吗？》，《江汉论坛》2014 年第 6 期，第 11 页。

⑧ 陈心颖：《技术进步就业效应行业差异量变动实证分析（1997 ~ 2012）》，《东南学术》2014 年第 5 期，第 81 页。

⑨ 胡雪萍、李丹青：《技术进步就业效应的区域差异研究》，《上海经济研究》2015 年第 8 期，第 3 页。

⑩ 魏燕、龚新蜀：《技术进步、产业结构升级与区域就业差异》，《产业经济研究》2012 年第 4 期，第 19 ~ 26 页。

了中西部地区的就业量。

虽然技术进步对就业总量的影响由于"替代效应"与"补偿效应"孰大孰小的对比而往往具有不确定性，但技术进步会显著影响就业结构的变迁。Katz 认为技术进步使低技能劳动力将越来越难以找到工作。[①] 曼纽尔·卡斯特分析了美国、日本、德国、法国的就业结构变化，认为随着工业化的不断成熟，绝大多数国家的就业结构发生了显著的变化。在工业部门，普通劳动力的用工需求不断下降，而高技能劳动力的用工需求则不断增加。[②] 丁建定研究了美国的就业情况，认为技术进步增加了美国信息技术行业的就业人员，蓝领工人则面临失业问题。[③] 邵文国认为技术进步会改变就业结构，提高就业条件，劳动者需要适应这种变化。[④] 毕先萍等认为从长期来看，技术进步对就业总量的影响不明确，但是对中国就业结构有显著影响。[⑤]

3. 技术进步对收入分配（行业收入、工资结构）的影响

技术进步对工资结构的影响是收入不平等研究的主要对象之一。很多发达国家和中国的技术进步均呈现资本偏向性，劳动者收入占比下降成为世界范围内的普遍现象。发达国家的实践表明，技术进步是近几十年来工资收入差距（尤其是不同劳动技能劳动者之间工资收入差距）拉大的主要原因。[⑥] 技术进步恶化了低技能劳动者的工资收入状况。

大多数研究认为，技能偏向型技术进步提高了对技能劳动力的

① Katz, Lawrence F. and Kevin M. Murphy, "Changes in Relative Wages, 1963 – 1987: Supply and Demand Factors", *Quarterly Journal of Economics*, 1992 (107).
② 曼纽尔·卡斯特:《网络社会的崛起》,夏铸九等译,社会科学文献出版社,2003。
③ 丁建定:《科学技术进步与当代美国就业机会的变化》,《自然辩证法通论》2007 年第 1 期,第 45 页。
④ 邵文国:《科技进步与劳动就业的关系》,《华东经济管理》1995 年第 5 期。
⑤ 毕先萍、赵坚毅:《技术进步对我国就业总量及结构的影响》,《统计观察》2007 年第 5 期,第 71 页。
⑥ 王忠:《技术进步的技能偏向性与工资结构宽化》,《中国劳动经济学》2006 年第 4 期,第 64 页。

需求，增加了高技能劳动者的收入，拉大了高技能劳动者与低技能劳动者收入的差距。如钟世川等认为，技术进步偏向性使得资本生产率增长更快，导致国民要素收入分配结构失衡。①

目前偏向型技术进步对收入分配影响的研究主要集中在资本偏向型技术进步与技能偏向型技术进步两方面。钟世川等②、王林辉等③认为，技术进步偏向性使生产要素收入分配结构失衡，资本偏向型技术进步使劳动收入占比下降而资本收入占比上升，技能偏向型技术进步使劳动力市场分化且出现技能溢价。丁从明等认为发达国家是以资本替代相对稀缺的劳动力，是资本偏向型技术进步；但中国应该根据自身劳动力资源丰富的实际，选择劳动偏向型技术进步。④

资本偏向型技术进步影响收入分配结构。王林辉等的研究表明，技术进步越偏向资本，资本的收入份额就越高，相应地，劳动收入份额越低。中国技术进步呈资本偏向型，但其收入分配效应存在地区间差异。⑤ 张杰等研究发现，资本偏向型技术进步是抑制中国制造业劳动者收入占比的重要因素之一。⑥ 董直庆等发现中国省际和行业技术进步偏向资本，使劳动者收入占比从 1978 年的近 60% 降至 2010 年的 42%。⑦

技能偏向型技术进步也影响收入分配结构。王忠认为技能偏向

① 钟世川、雷钦礼：《技术进步偏向对要素收入份额的影响》，《产经评论》2013 年第 5 期，第 26 页。
② 钟世川、刘娟：《技术进步偏向与收入不平等的关系研究评述》，《重庆理工大学学报》（社会科学）2015 年第 12 期，第 48 页。
③ 王林辉、韩丽娜：《技术进步偏向性及其要素收入分配效应》，《求是学刊》2012 年第 1 期，第 56 页。
④ 丁从明、刘明：《技术选择与劳动收入比重变迁的理论与实证研究》，《中国人口·资源与环境》2013 年第 7 期，第 129 页。
⑤ 王林辉、赵景：《技术进步偏向性及其收入分配效应：来自地区面板数据的分位数回归》，《求是学刊》2015 年第 4 期，第 51 页。
⑥ 张杰、卜茂亮：《中国制造业部门劳动报酬比重的下降及其动因分析》，《中国工业经济》2012 年第 5 期，第 57 页。
⑦ 董直庆、安佰珊等：《劳动收入占比下降源于技术进步偏向性吗?》，《吉林大学社会科学学报》2013 年第 4 期，第 65 页。

型技术进步使中国的工资结构呈宽化现象，但中国低技能劳动者的收入状况并没有恶化，原因在于高技能劳动者的工资增长相对较快，但低技能劳动者的工资也在增长。[①] 姚先国等基于制造业企业数据，发现制造业企业的技术进步呈现技能偏向型，提高了高技能劳动者的就业和收入占比。[②] 喻美辞[③]、包群等[④]考虑了资本和商品的国际流动因素，认为中国的进口贸易和外商投资的技术溢出偏向技能劳动者，从而提高了技能劳动者的相对工资。

也有学者从其他角度研究了技术进步对收入分配的影响。黄先海等研究发现劳动节约型技术进步是中国制造业劳动收入比重下降的主要原因。[⑤] 何洁等分析了技术进步对新旧行业的不同影响，认为新技术使新行业就业扩大和工资上涨，弱化或淘汰落后行业，导致新旧行业间收入差距扩大，不同群体间收入差距扩大，产生"贫者愈贫，富者愈富"的马太效应。[⑥]

4. 资本深化对就业总量及结构变化的影响

目前关于资本深化影响就业总量及结构的研究成果不多，也没有成熟的共识。李冰认为不管是中短期还是长期，资本深化都明显地抑制了就业总量的扩大，基于此，提出要减缓资本深化速度，以减轻对就业的冲击。[⑦] 段远鹏等发现中国就业增长严重滞后于经济增长的主要原因是资本深化加速、资本偏向型技术进步，两者比较而

---

① 王忠：《技术进步的技能偏向性与工资结构宽化》，《中国劳动经济学》2006 年第 4 期，第 64 页。

② 姚先国、周礼等：《技术进步、技能需求与就业结构——基于制造业微观数据的技能偏态性假说检验》，《中国人口科学》2005 年第 5 期，第 47 页。

③ 喻美辞：《进口贸易、R&D 溢出与相对工资差距：基于我国制造业面板数据的实证分析》，《国际贸易问题》2010 年第 7 期，第 81 页。

④ 包群、邵敏：《外商投资与东道国工资差异：基于我国工业行业的经验研究》，《管理世界》2008 年第 5 期，第 46 页。

⑤ 黄先海、徐圣：《中国劳动收入比重下降成因分析——基于劳动节约型技术进步的视角》，《经济研究》2009 年第 7 期，第 34 页。

⑥ 何洁、任富东：《技术进步漩涡对我国收入分配的影响分析》，《铜陵学院学报》2010 年第 3 期，第 26 页。

⑦ 李冰：《技术进步与资本深化的就业效应分析》，《商业时代》2013 年第 9 期，第 82 页。

言，资本偏向型技术进步对就业增长的贡献度远小于资本投入增长对就业的贡献度。[①] 姚战琪等认为中国的资本深化对就业产生挤出效应。[②] 王艾青等认为中国经济发展呈现明显的资本深化特点，投资逐渐向资本密集型产业集中，因而降低了对就业的吸纳能力，出现了资本排挤就业的现象。[③]

张晓晖区分了不同行业中资本深化对就业的影响：在资本密集型行业里，就业数量随资本深化而相对减少；在劳动密集型行业中，就业数量随资本深化的扩大而增加；而在劳资密集型行业中，就业数量也伴随资本深化而增加，但增幅要小很多。[④] 温逊尧研究了广东制造业资本深化对就业的影响，结论是资本密集型产业的资本深化对就业的影响比劳动密集型产业要小。[⑤]

5. 资本深化对收入分配（行业收入、工资结构）的影响

研究资本深化影响收入分配的成果也较少。王丹枫认为从长期来看，资本深化对整个劳动收入份额的影响呈现 U 形（先降后升）变化规律。[⑥]

6. 产业结构变迁对就业及收入分配的影响

产业结构变迁通过"创造与破坏"来影响就业结构。一方面，产业结构优化升级带来经济增长和新行业的发展，创造新的就业岗位；另一方面，产业结构调整导致落后产业衰退与资本有机构成提

---

① 段远鹏、钟世川：《技术进步偏向对就业增长的影响》，《西部论坛》2015 年第 4 期，第 53 页。

② 姚战琪、夏杰长：《资本深化、技术进步对中国就业效应的经验分析》，《世界经济》2005 年第 1 期，第 58 ~ 67 页。

③ 王艾青、杨兆兰：《资本深化对就业的影响及其原因分析》，《西安邮电学院学报》2007 年第 2 期，第 70 页。

④ 张晓晖：《我国制造业资本深化和就业关系的实证分析》，《企业导报》2009 年第 5 期，第 99 页。

⑤ 温逊尧：《制造业资本深化的就业效应——以广东为例》，《中国城市经济》2011 年第 12 期，第 71 页。

⑥ 王丹枫：《产业升级、资本深化下的异质性要素分配》，《中国工业经济》2011 年第 8 期，第 69 页。

高，使劳动者失业。通常，产业结构变动幅度越大，对就业的破坏效应越显著。①

赵利等认为是产业结构的调整导致就业结构的改变，从业者由基础部门向新兴服务部门转移。中国三次产业当中，第一产业就业人员不断减少，第三产业就业人员不断增加，而第二产业中有些部门就业人员减少，有些部门就业人员增加。② 朱轶等认为中国产业结构调整产生了大量的结构性失业和摩擦性失业。③ 周源等认为产业结构演进总体上抑制了就业的增长，资本深化是影响就业总量和就业结构的最主要因素。④ 刘春燕认为技术进步在优化产业结构的过程中，对中国整体的就业没有产生促进作用，在服务业方面甚至还产生了负面影响。⑤ 蒲艳萍研究发现产业结构变动方向、变动速度对转型期的中国就业有显著影响。⑥

产业结构、就业结构的变化改变着劳动力的流向、资本投入的方向、生产要素占有者的回报，必然改变收入分配。产业结构变迁对收入分配的影响从叶立梅对北京分行业职工工资变化情况的研究中可见一斑。叶立梅发现20世纪90年代以来大多数职工的相对工资水平下降，社会结构正在从扁平形向金字塔形转变。与此同时，北京形成了以行业为区分标志的新富阶层，打破了原有的收入分配格局，中等收入水平行业大量减少，高收入群体和超高收入行业已经

① 朱轶、熊思敏：《技术进步、产业结构变动对我国就业效应的经验研究》，《数量经济技术经济研究》2009年第5期，第111页。
② 赵利、曹惠：《技术进步影响就业结构的机理与例证》，《北京工商大学学报》2008年第4期，第90页。
③ 朱轶、熊思敏：《技术进步、产业结构变动对我国就业效应的经验研究》，《数量经济技术经济研究》2009年第5期，第118页。
④ 周源、马煜天：《我国产业结构演化与就业关联性实证研究》，《商业研究》2011年第11期，第63页。
⑤ 刘春燕：《中国技术进步对就业影响的实证分析》，《金融与经济》2010年第8期，第59页。
⑥ 蒲艳萍：《转型期的产业结构变动与中国就业效应》，《统计与决策》2008年第7期，第113页。

形成，城市社会阶层的两极分化加剧。① 从全国来看，居民收入差距也呈扩大趋势，中国基尼系数连续多年保持在 0.47 以上的高位，超过 0.4 的国际警戒线。刘祖春等认为产业结构调整和升级增加了"富者"的增收机会，减少了"穷者"的就业和收入机会，使两者收入差距持续拉大。② 冯素杰通过定性与实证分析发现产业结构的调整升级与收入分配差距扩大之间存在内在的累积循环效应。③

7. 收入分配变化对城镇职工基本养老保险筹资的影响

一个基本共识是，国民收入初次分配当中，中国居民收入占比偏低，政府和企业收入占比偏高，收入分配结构亟须调整。关于收入分配影响养老保险筹资的研究，普遍的结论是目前中国收入分配状况对养老保险筹资产生不利影响。如，穆怀中④认为社会保障只能实现部分收入再分配，社会保障进行收入再分配的范围及能力是有限的。韩龙菲、葛开明⑤认为，政府在国民收入初次分配中占比最高，居民占比最低，加上养老保险缴费率较高，导致居民的养老保险缴费负担水平与其在国民收入分配中的地位不匹配，现行缴费模式难以为继。张洪林⑥认为企业基本养老保险缴费与个人工资收入相关，而工资收入会随着生产要素项目的增加或技术进步而日趋减少。从收入的税负结构看，工资收入税的累进税率已经达到发达国家水平，财产性收入和经营性收入的税负却具有累退性。因此，应该适时地进行费改税，以提高筹资能力。

---

① 叶立梅：《从行业分层看城市社会结构的嬗变》，《北京社会科学》2007 年第 5 期，第 30 页。
② 刘祖春、邓艳芳：《当前我国居民收入分配差距扩大原因及对策研究》，《湖北大学成人教育学院学报》2011 年第 2 期，第 57 页。
③ 冯素杰：《论产业结构变动与收入分配状况的关系》，《中央财经大学学报》2008 年第 8 期，第 50~56 页。
④ 穆怀中：《国民财富与社会保障收入再分配》，中国劳动社会保障出版社，2002，第 86 页。
⑤ 韩龙菲、葛开明：《基于收入分配理论的养老保险筹资问题的研究综述》，《劳动保障世界》（理论版）2010 年第 5 期，第 8 页。
⑥ 张洪林：《收入分配格局对养老保险制度设计的影响》，《金陵科技学院学报》2015 年第 3 期，第 30~31 页。

（二）对现有研究的评述

通过梳理国内现有的研究，发现以下五个方面仍需继续研究和探索。

1. 对技术进步本身的研究

现有的很多文献在分析技术进步对经济社会的影响时，并不关注技术进步背后的逻辑、力量及趋势，只是将技术进步看作既定的、抽象的外生变量，是一个黑箱，而且多数研究将技术进步视为"价值中立"，不去深究技术与资本的紧密关系，甚至将技术进步看作人力资本提升、人在社会中的主体地位上升的标志。由于不熟悉技术进步的脉络，没有将以信息技术为标志的第三次技术革命与第一、二次技术革命作本质上的区分，没有看到第三次技术革命及之后的技术进步对人与世界的关系带有颠覆性的改造。由于它使社会生产绕开人的参与成为可能，今后的技术进步对经济、产业、就业和收入分配的影响将是巨大的。

随着劳动力成本在全球范围内的上升，以尽可能追逐利润最大化为目的的资本已经而且越发显示出技术偏向，即不断地用机器来代替人工，特别是随着人工智能和信息技术的融合发展，机器对人的替代范围将不断扩大、层次将不断提高，不仅低端劳动力越来越快、越来越多地遭受挤压，而且层次越来越高的脑力劳动者也面临越来越大的失去工作的危险，甚至决策、咨询此类对脑力要求较高的职业也可能被机器及其运算逻辑所取代。虽然这种替代目前只是苗头，还未成为潮流，但已经是暗流涌动，正在快速积聚能量，未来到某一临界点时，将对就业产生爆炸式的冲击，届时资本相对于劳动者将变得更加强势，劳动者收入结构更加失衡，社会生产需要的劳动者越来越少，大量劳动者集中于收入很低的低端服务业或依靠社会救助度日。而企业用工人数的减少以及劳动收入占国民收入份额的下降，都会削弱目前以工资为基数、以收费为方式的城镇职工基本养老保险的筹资能力。

2. 技术进步对就业的影响研究

新古典经济学对技术进步的研究，将重心放在技术进步如何促进经济增长以及如何影响经济周期上面。这里面有一个隐含的假定，即技术进步会促进经济增长，而经济增长本身就意味着就业增长。如凯恩斯在《就业、利息、货币通论》一书中，就将经济增长、就业增长和国民收入增长等同起来。改进型的技术进步能够降低产品的边际成本，提高资本和劳动的边际生产效率，细化分工并拉长产业链条等，这都将扩大生产规模；变革型的技术进步能够开辟新的领域，产生新的行业，形成新的需求和市场。

新古典经济学关于技术进步对就业影响的理解，集中在技术进步的"替代效应"与"补偿效应"孰强孰弱上，而这似乎是不可控，只能事后通过实证研究来得出结论。而且由于采取的方法、选择的数据等方面不同，人们得出不同的结论。但能不能通过逻辑和理论分析来对未来有一个判断呢？答案是肯定的。因为逻辑的力量是很强大的，虽然它做不到无所不能。

如果将技术进步对就业、收入分配的影响考虑在内，技术进步会改变劳资收入结构以及劳动者内部的收入分配结构，进而抑制社会总需求。当社会总供给找不到足够的市场时，矛盾积累到一定程度就会通过经济危机的方式加以缓解，但由于不能根除，会周而复始地、以一次比一次尖锐的姿态出现。因此，技术进步对就业的影响取决于三个条件：一是技术进步的速度。技术进步的速度过快，人们可能由于难以适应而被挤出劳动力市场。二是市场规模的扩大。技术进步提供的生产能力需要更大的市场，只有能够证明市场是无限可能扩张的，就业才会增加，但这并不容易实现，否则为什么一再上演经济危机呢？看看当今世界的民粹主义、民族主义势力抬头，全球化、自由贸易受阻，我们应该能够感觉到某种潜藏的威胁。三是技术进步的状态。特别是今天随着智能制造、互联网、物联网、大数据等技术的发展，当越来越多的生产和服务环节都在减少人工时，就业形势将越来越严峻。第三次技术革命对人类的影响才刚刚开始，社会就业能否找到应对冲击的办法尚未可知，但绝不能盲目乐观。

3. 技术进步与资本深化关系的研究

现有研究将技术进步的方向粗略地分为劳动偏向型、资本偏向型、中性技术进步。技术进步的总体趋势是节约人力。资本偏向型的技术进步有两种可能的结果：一种是资本深化（人均资本品的增加），另一种是资本浅化（人均资本品的减少）。一些研究认为，随着信息技术的发展，资本呈现浅化趋势。但这里的资本浅化通常是对实物资本而言，若考虑到技术发明专利、知识产权等无形资本最终要与有形资本相结合来获取利润，将此类无形资本规模的增加也算作资本深化，则资本深化也是历史发展趋势。

4. 对国民收入分配的研究

目前的研究中，普遍关注技术进步、资本深化对就业数量的影响，缺乏关于技术进步、资本深化对劳动者收入影响的研究。即使假定资本深化的结果对就业数量影响不大，劳动者获取收入的能力却很可能发生改变。宏观上，技术进步、资本深化后，资本收入份额与劳动收入份额相比会增加；中观上，资本深化后，将出现较少的资本密集型、技术密集型企业和众多的劳动密集型企业的进一步分化，技术密集型、资本密集型企业是"高增长、低就业、低社保缴费"，而劳动密集型企业是"低增长、高就业、高社保缴费"，企业的社会责任与经济能力不相匹配；微观上，资本深化后，管理阶层、技术阶层与普通劳动者的收入分配差距会扩大，收入分配的集中度会更高。这些都对基本养老保障制度构成挑战。

5. 对养老保障的研究

现有文献多是在养老保障内部开展研究，重点研究人口结构、缴费年限、退休年限等对养老保障基金收支的影响。但就业和收入是养老保障制度筹资的来源，而技术进步又对就业和收入产生非常重要的影响，可见现有研究存在以下不足。

一是没有充分估计技术进步、资本深化对基本养老保障制度筹资的影响。经济新常态、劳动力成本过快上涨、国际竞争压力加大等，都会迫使企业追求技术进步，加快机器对人的替代（2015 年全世界一半的机器人被中国企业购买），资本密集型和技术密集型产业将加快发展，发展的速度很可能超过劳动者技能转换、知识更新的速度，再加上从业者大量集聚在低端劳动力市场，就业的结构性矛盾将更加突出。有学者称，从第二产业退出的劳动者将被第三产业吸收，但需要面对的问题是：①用工成本的上升是全行业的，服务产业尤其是生产性服务业同样会进行资本深化；②服务业尤其是消费性服务业的发展与第二产业密切相关，第二产业资本深化后，劳动者数量少，劳动收入与资本收入的结构更加扭曲，这将在某种程度上制约服务业的规模，进而限制服务业吸纳就业的能力。由于中国基本养老保险主要针对的是就业人群，就业不稳定、就业增速下降甚至绝对就业数量减少都会影响基本养老保障制度的筹资能力。

二是缺乏收入分配对基本养老保障制度的概念、认识和理解的冲击的研究。例如，对基本养老保障标准概念的冲击。目前普遍用养老金替代率来评价保障水平。但如果国民收入中劳动者收入占比越来越低，劳动者中低收入群体占比越来越高，最终养老保险变成一个"穷人俱乐部"，社会财富的绝大部分不进入养老保险资金池，即使替代率很高，退休者的实际经济地位也可能很低。再比如，对基本养老保障筹资办法的冲击。目前的筹资办法显然不利于劳动密集型企业而利于资本密集型企业，长此以往会对就业和基本养老保障筹资产生冲击，因此，有必要适时地根据环境和条件的变化来修改筹资办法。

三是缺乏关于政府在基本养老保障筹资中的责任研究。目前"大账户"、"全账户"的社会呼声很高，这等于是强调个人养老责任而弱化财政的养老保障责任。资本深化后，由于劳动者收入水平相对下降，劳动者自身能够提供的保障水平会逐步下降；而不管资本如何深化，政府总能以税收的方式来调节过高的资本收入，即政府有能力通过扩大财政收入来弥补个人自我保障不足的部分。因此，随着情势的发展，一个可能的结论是，政府养老保障责任的边界不是缩小而应适时适度地扩大。因此，需要详细论证政府的养老保障责任。

三　研究方法及路径

（一）研究方法

1. 文献研究

搜集整理国内外关于技术进步、资本深化影响就业、国民收入分配及社会养老保险筹资的理论和实证文献资料，把握研究动态，汲取相关方面的最新研究成果，明确需要进一步研究的问题。

2. 实地调研

赴广东、四川、浙江、贵州等地调研经济结构和产业结构调整情况、就业结构和收入结构变动情况，了解"机器换人"进展、后果以及由此产生的对城镇职工基本养老保险筹资的影响，了解地方财政、发改委、人社等部门及企业对相关问题的看法和建议，搜集一手数据资料和案例，分析基本养老保障筹资能力变化情况（如占GDP或国民收入的比重）。

（二）研究路径

本书研究路径如图 0-1 所示。

技术进步对资本深化的影响

```
                        ┌─────────────────┐
              ┌────────→│   概念辨析       │←──────────┐
   ┌──────────┴──┐      ├─────────────────┤    ┌──────┴──────┐
   │  技术进步    │─────→│   发展趋势       │←───│  资本深化    │
   └─────────────┘      ├─────────────────┤    └─────────────┘
   技│  市  组        │   经济新常态影响  │       资│
   术│  场  织        └─────────────────┘       本│
   进│  增  流                                   技│
   步│  长  程再                                 术│
   速│  速  造                                   构│
   度│  度                ┌──────────────┐       成│
      │         ┌───────→│  就业总量     │←───────┘
   ┌──┴────────┐│        │  就业结构     │
   │ 替代效应vs │┘        └──────┬───────┘
   │ 补偿效应   │                │
   └───────────┘                ↓
                     ┌────────────────────┐
                     │ 资本与劳动收入分配   │
                     │ 劳动者内部收入分配   │
                     └─────────┬──────────┘
         ┌──────────────┐      │      ┌──────────────┐
         │ 基本养老保险  │←─────┴─────→│ 基本养老保险  │
         │ 缴费水平      │             │ 缴费人数      │
         └──────────────┘             └──────────────┘
                     ┌────────────────────┐
                     │ 基本养老保险筹资能力 │
                     └─────────┬──────────┘
                     ┌────────────────────┐
                     │   筹资能力的改善     │
                     └─────────┬──────────┘
              ┌──────────────────────────────┐
              │ ┌──────────────────────────┐ │
              │ │ 确立基本理念，明确政府责任 │ │
              │ ├──────────────────────────┤ │
              │ │   调整筹资政策            │ │
              │ ├──────────────────────────┤ │
              │ │ 构建适应未来的养老制度模式 │ │
              │ └──────────────────────────┘ │
              └──────────────────────────────┘
```

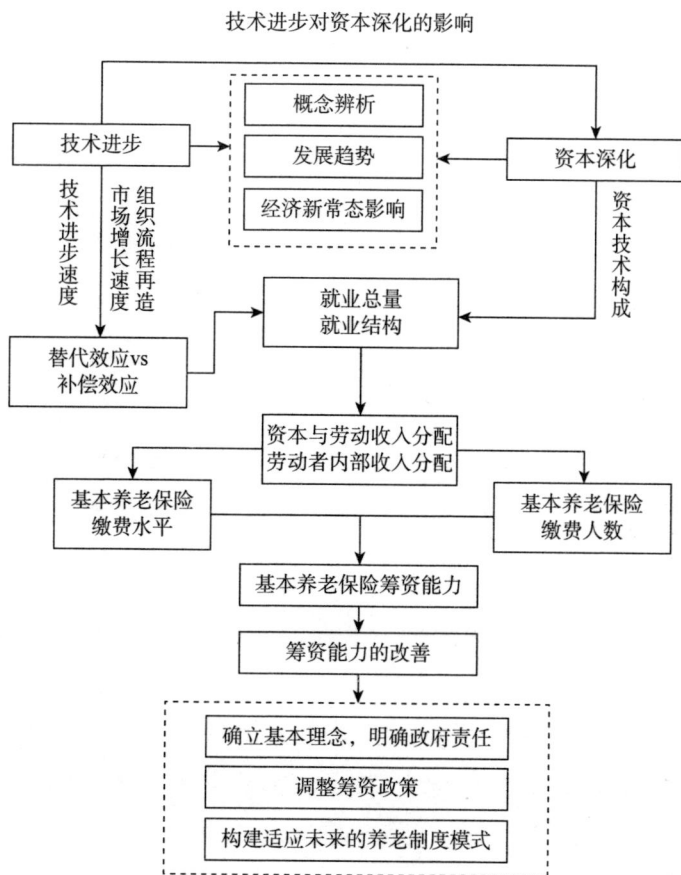

0－1　本书研究路径

　　首先，梳理技术进步、资本深化演进过程、动力及趋势，分析中国经济新常态下技术进步和资本深化的特点。

　　其次，从理论上分析技术进步、就业与养老保障三者之间作用的传导路径及作用机理，将产业结构、收入分配结构变化作为中间变量纳入分析。

　　再次，观察国外技术进步、资本深化如何影响就业、收入分配进而影响基本养老保障筹资，进行实证研究，并分析典型案例。

　　最后，在上述基础上，提出中国基本养老保障制度的应对之策。

第一章　技术进步与资本深化

一部世界经济发展史就是劳动生产率不断提高的历史。工业革命之前，全世界劳动生产率增长缓慢，技术进步和产业升级的速度也缓慢。工业革命开启了技术进步的"潘多拉魔盒"，极大地解放和发展了生产力，故而马克思说"资产阶级在它的不到一百年的阶级统治中所创造的生产力，比过去一切世代创造的全部生产力还要多，还要大"①。技术进步重点发生在制造业领域，促使机器大生产蓬勃发展。制造业的发展不仅促进了日益细致的行业内部的生产分工，而且促进了社会分工，带动了生产性服务业和生活性服务业的发展，引起产业结构和就业结构的深刻调整。纵观现代经济史，技术进步是系统性塑造经济社会结构的"原力"，它通过影响劳资结构、产业结构、就业结构等"经济基础"来影响包括收入分配、社会保障在内的各项社会制度。

本章首先界定了技术进步和资本深化的内涵，论述了技术进步的方式、动力、获取技术进步的方式、中国技术进步的特点，以及技术进步将加速劳动力同质化的趋势；提出了资本深化不仅包括物质资本的深化，而且包括技术、知识等无形资本的深化，得出技术资本化以及技术进步过程很大程度上就是资本深化过程的结论。技

---

① 《马克思恩格斯选集》（第一卷），人民出版社，1972，第256页。

术进步越来越服从和服务于资本获取利润的需要。在商品和服务的生产领域，技术内化于资本与劳动之中，技术进步不断调整着资本与劳动的结构。其次分析了三次技术革命对人与世界关系的影响，探讨了技术进步的脉络和逻辑，厘清技术进步背后资本和权力的力量，重点分析了以信息技术革命为起点的第三次技术革命（信息技术革命）与前两次技术革命（蒸汽技术革命和电力技术革命）的本质不同，认为它打通了"三个世界"（自然界、人及人的精神活动产物）之间的联系，使社会物质生产绕开"人"的参与成为可能。在此基础上，展望了未来技术进步越来越快的趋势，受此影响，越来越多的劳动密集型产业将转化为资本密集型产业，资本将越来越少地雇佣劳动，将越来越多地雇佣资本本身。全社会资本深化的速度加快，资本技术构成提高的速度加快，技术越来越成为决定市场竞争成败的决定性因素。

第一节　技术进步的内涵、动力、影响及趋势

一　技术进步的内涵

（一）技术进步的定义

技术进步有广义和狭义之分。广义上的技术进步，是指以技术为表现形式的、包括自然科学和社会科学在内的各种知识的积累与发展。狭义上的技术进步仅指自然科学技术的进步，其又可以分为两种。一种是具有开创性或颠覆性的对人类社会生产活动影响深远的技术革命，是对具有重大认识突破的自然科学原理的最基础的、"无中生有"般的应用，属于"突变型"技术进步。18世纪以来，这种"突变型"的技术革命有三次：18世纪80年代的蒸汽机革命，19世纪70年代的电力革命和20世纪50年代的微电子技术革命。另

一种是在已有技术原理范畴内进行发明创造所产生的新技术或技术体系，属于"渐变型"技术进步。举例说明两种技术进步的关系：微电子技术的发明就是"突变性"技术进步，它为人类开辟新的认知和实践空间提供了新的可能性，而目前正如火如荼的互联网技术、物联网技术和人工智能技术都是微电子技术在各自领域的应用和拓展，都是在各自领域将微电子技术提供的可能性变为现实，但其最基础的逻辑运算原理并没有改变，因此都属于第三次技术革命影响下的"渐变型"技术进步。

社会科学中对技术进步关注最多的是经济学。经济学评价技术进步的方法比较特殊，它省却技术原理、生产设计、生产工艺等生产过程，仅用"成本－收益"来计量。无论技术进步采用何种方式和形式，有效的技术进步要能够体现在提升劳动生产效率、节约成本、改进产品和服务的品质上来，即有助于国民经济量的增长和质的提升。从量的方面看，要么在既定的资本、劳动、土地等生产要素的约束下能够增加产出，要么在既定的产出规模下能够节省资本、劳动、土地等生产要素。从质的方面看，技术进步产生的新的产品和服务要能够满足国民更高层次的物质文化需求，要能够创造新的市场，引领新的需求。

在宏观经济学中，将技术进步、资本、劳动等作为生产要素置于分析经济增长的模型中，用以评价技术进步率，并用全要素生产率（TFP）来评价技术进步对经济增长的贡献。

（二）技术进步的方式

1. 技术进步的分类

技术进步分两种方式：一种是中性技术进步，另一种是偏向性技术进步。中性技术进步不改变生产要素的规模结构，即技术进步带动劳动、资本等生产要素同等规模的增长。偏向性技术进步则会改变生产要素结构，生产要素之间会发生替代，某些类型的生产要素使用量相对增加，而某些类型的生产要素使用量相对减少。假设两种生产要素 x、y，如果相对于生产要素 x 而言，技术进步能够提高生产要素 y 的边际产量，则称技术进步是偏向于 y 要素的。

从各国技术进步的实践看，绝大多数技术进步都是有偏向的，因为技术进步总体上呈现逐步替代劳动的趋势。偏向性技术进步可分为两种类型：一种是资本偏向型技术进步，另一种是技能偏向型技术进步。根据希克斯的定义，假设资本与劳动的投入比例不变，当技术进步提高了资本的边际产出，或者引起资本的边际产出与劳动的边际产出之比上升时，技术进步是资本偏向型的；反之，当技术进步提高了劳动的边际产出，或者引起资本的边际产出与劳动的边际产出之比下降时，技术进步是劳动偏向型的。

资本偏向型技术进步倾向于通过大量投资来研发、制造或引进先进的机器设备和生产线，在节约劳动力的同时提高生产效率和产品质量，于今最典型的就是全自动生产线（也称"无人工厂"），通过大量使用工业机器人和信息控制技术来实现从原料到产成品的全程自动化。

技能偏向型技术进步是就劳动者素质而言的。总体上，技术进步对劳动力需要的规模相对越来越小，但对劳动者素质的要求越来越高，也就是说，技术对与之合作的劳动者越来越挑剔，那些缺乏技能的普通劳动者以及技能更新赶不上技术进步速度的技能劳动者都将逐步被淘汰出原来的行业和领域。当今最典型的就是互联网行业，一家价值过亿元的互联网公司可能只需要十几个甚至几个专业技术方面的人才，这些人既是工人又是老板。就本质而言，技能偏向型技术进步往往也是资本偏向型技术进步，如前文所述，技术从研发、推广到最终的产品和服务，都需要强大的资本支持。

2. 技术进步与劳动力同质化

在传统技术进步不断替代人的体力的同时，新的技术进步也在越来越快地替代人的脑力，它将加快劳动力的同质化过程。正如机器大生产使原来手工作坊的技能工人对于普通工人不再有优势，信息技术、人工智能技术、互联网技术、物联网技术的出现，也会使原本掌握知识、技术、信息的人不再有优势。技术进步会不断提高它所需要的劳动力素质水平线。在水平线之下，过去存在的技能劳动、脑力劳动与体力劳动的界线将逐渐变得模糊，彼此之间的可替代性增强，竞争程度加剧。在技术进步过程中，生产与消费的关联变得越来越直接，很多中间行业的必要性和重要性下降，相应的就业岗位会减少。许多目前依靠脑力、技能为生的中高级劳动者将被迫进入普通劳动者从事的收入相对较低的行业和领域，并在那里激烈地竞争工作机会。①

3. 中国技术进步的特点

中华人民共和国成立后，中国的技术进步具有明显的资本偏向性，这已经被很多实证研究所证明。技术进步的方向正在与中国的生产要素禀赋结构不断偏离。中国是人口大国，距离人口强国还有很长的路要走。低端劳动力资源丰富，适宜的技术进步应是"低技术、高劳动"。然而，在生产要素价格扭曲、产业发展的跟随模仿战略、激烈的国际市场竞争、政府主导的大规模投资、企业追求利润最大化等因素共同作用下，中国不断引进发达国家先进的技术和设备，经济增长过多依赖资本投入，劳动对 GDP 的贡献下降，经济增长的就业弹性和三次产业的就业弹性也随之下降。1980 年至 1985 年，三次产业的平均就业弹性系数分别为 0.471、0.654 和 0.620。

---

① 未来这些行业和领域将主要集中在生活性服务业，因为生产性服务业比较容易被技术进步再造。技术进步也会逐渐使生活性服务业进行组织和流程再造，使市场竞争更加充分。以中国的城市打车为例，以往是出租车一统天下，但随着移动通信技术的发展，滴滴、优步、网约车出现了。由于加入了新的竞争者，出租车行业原有的垄断租金逐渐减少，对出租车司机的就业和收入产生冲击。这还只是人与人之间的竞争（当然背后也是资本之间的竞争），事情并没有结束。目前世界上很多企业都在研究无人驾驶技术，在一些地方已经在进行试验。当该技术成熟之后，将会对包括打车在内的交通运输业的从业者造成巨大的冲击，竞争的模式将从人与人之间的竞争变为资本与人之间的竞争。

2001 年至 2006 年，三次产业的就业弹性都出现下降，平均就业弹性系数分别为 −0.353、0.213 和 0.388。[①] 1996 年至 2014 年，经济增长的就业弹性也从 0.13 下降到 0.05。[②] 如果说以往技术和资本替代的对象主要是普通劳动者，那么今后随着中国工业化升级以及信息技术、计算能力、人工智能技术的发展，技术和资本取代的劳动者的层次将会越来越高。

（三）获取技术进步的方式

一个国家或地区获得技术进步的方式主要有两种：一是技术创新，二是技术模仿。决定一个国家或地区选择何种技术进步道路的因素包括经济发展水平、科技教育水平、技术进步的"成本与收益"、市场规模等。

1. 技术创新

经济发达国家通常是引领科技进步的国家。由于站在世界科技前沿，技术进步无先例和榜样可循，只能通过技术创新来"无中生有"，引领科技风尚。技术创新充满不确定性，谁来创新、何时创新、创新的方向及结果为何，均是未知数。能够促进技术创新的必要但不充分条件包括：强大的资本支持，雄厚的科技积淀，大量具有创新精神与能力的人才，完善的益于创新的体制、机制、法律和制度，发达的教育体系，适宜的产业政策，等等。而这些条件只有那些经济发达国家较为满足，也只有经济发达国家才更有能力承受技术创新对人力、物力、财力的巨大消耗，以及创新失败的后果。

2. 技术模仿

经济欠发达国家通常也是科技水平落后的国家。由于缺乏技术

---

① 魏下海：《技术进步、人力资本与劳动力就业——解读中国就业弹性的变动趋势》，《探索与争鸣》2008 年第 5 期，第 53 页。

② 根据国家统计局网站提供的数据计算得到。

创新所要求的软硬基础设施、人才及资本等条件，又缺乏对技术创新不确定性后果的承受力，与其从零开始，历经漫长的艰难过程去追寻发达国家已经实现的技术状态，不如采取引进模仿策略，不仅成本低于自主创新的成本，而且能节约大量追赶发达国家的时间成本，更加符合"成本－收益"原则。因此，经济欠发达国家大多采用引进模仿策略，提供税收优惠、财政补贴、经济特区优惠等激励，通过逆向工程、技术许可等方式引进和吸收发达国家的先进技术，在较短的时间内掌握成熟的生产技术和工艺，快速实现产业化。

对于经济欠发达国家而言，技术进步的方式会随着经济实力的增强、经济地位的提升而逐渐发生变化：由初期的单纯引进模仿，到引进模仿与自主创新并重，再到以自主创新为主。中国改革开放以来所走过的道路对此进行了完美的诠释。改革开放以来中国经济发展取得的巨大成就，除了制度红利、人口红利起作用外，对外开放红利也功不可没，通过一轮又一轮的技术引进，中国的产品结构、产业结构、经济结构不断优化升级，科学技术水平不断提升，科技人才队伍不断壮大，出现越来越多领先世界的科学发现和技术创新。面对以智能化、网络化（互联网、物联网）、数字化为特征的新一轮技术浪潮，技术路线仍在探索，各国都在努力抢占制高点和主导权，各个国家、各个企业都在进行技术封锁，中国和中国的企业唯有自主创新才能赢得先机。而在此方面，中国巨大的人口优势以及巨大的市场空间，能够为本轮技术创新提供足够的激励和广阔的实验平台。

技术创新和技术模仿还可以通过技术扩散来促进技术进步。技术扩散有两种方式：一种方式是通过企业之间的技术交易来扩大技术的使用范围；另一种方式是通过技术的"知识溢出"为其他领域、行业、企业提供技术理念、技术思想、技术信息，推动技术创新。两种方式都有助于提升国家或地区整体的技术水平。而且，如果将技术创新和技术模仿看作点，那么技术扩散就是线和面。只有通过技术扩散，技术创新和技术模仿才能真正对经济、产业结构产生较大的影响。

二 技术进步的动力

技术进步需要动力。如果没有动力，技术进步可能不会发生，即使发生也会衰败和停止。技术进步的动力分为人类对未知世界的好奇心、市场需求、国家计划三类。

（一）人类对未知世界的好奇心和冒险精神

对未知世界充满好奇是人类的天性。勇于探索未知世界和创造性地利用自然规律、力量、能量来丰富人类实践的可能性是一部分人纯粹的热情、爱好和追求。随着人类对宇宙认知的深入，物理、化学、生物、数学等领域新的规律不断被揭示，产生新的科学原理。科学原理若能应用于实践，则能够极大地推动技术进步。热力学与蒸汽机革命、电力学与电气化革命、磁力学与无线通信技术等都属于此类技术进步。

然而，只有好奇心，没有冒险精神，人类也不容易实现技术进步。尤其是在技术进步需要耗费大量经济资源的情况下，由于未来充满不确定性，无法准确计算技术进步的成本与收益，仅靠理性是无法下决心、做决策的，必须有勇气和胆略，才能付诸行动。

历史经验表明，并不是所有的科学原理一经提出，就能马上用于实践。人类认知的局限性和实践的历史性决定了有些科学原理需要经历很长时间才能找到应用的办法和领域。然而，一旦这一天到来，必定会在经济领域创造新的市场，引领新的需求。

（二）市场需求

市场需求对技术进步的推动作用体现在以下三个方面。

1. 社会分工

市场规模扩大促进社会分工，社会分工不断提高生产的专业化水平。当人们各自专注于所属领域的生产时，更容易积累经验和知识，更能发现当前生产系统的缺陷，更有能力去改进技术，完善生产系统，或者采用新的设计理念、建造新的生产系统。因此，市场规模越大，社会分工越细；社会分工越细，技术进步就会越快。

2. 消费者需求

消费者对产品的种类、质量、功能提出越来越高的要求。以市场需求为导向来组织研发、革新技术、改进工艺是很多企业技术进步的动力。由于不能创造全新的市场需求并引领消费潮流（就像乔布斯那样用苹果手机开辟全新的移动互联网时代），很多企业只能在不断细分的市场中根据消费者偏好的变化来捕捉新的市场机会，进而通过技术进步来抢占市场。

3. 市场竞争压力

市场竞争要求"物美价廉"。产品和服务性价比越高的企业生存的概率才越大。在开放型经济体中，企业不仅要同国内同行竞争，而且要同国际同行竞争。为了赢得尽可能大的市场份额，企业被迫通过技术进步降低产品和服务的成本，提升品质和功用。所有企业的共同作用使相关领域的技术进步越来越快，产品更新换代的速度让人目不暇接。

（三）国家计划

国家推动技术进步的动力来源于对国家竞争力的需求。科技水平决定着一个国家的综合国力和国际竞争力。尽管不少学者从政府有限理性、利己动机、权力寻租、知识有限性、集中决策风险等方面反对政府制订科技进步计划以及通过产业政策来推动国家科技计划的实施①，但国家通过制订技术进步计划来引导和支持技术进步已经是很多国家的普遍做法。如在新一轮科技竞争浪潮中，美国的《先进制造业国家战略计划》重点支持柔性电子制造、生物制造、增材制造等技术；德国的《2020 高技术战略》确定了纳米技术、生物技术等领域的优先发展；中国的《中国制造 2025》也确定了新一代信息技术产业、高档数控机床和机器人、航空航天装备、海洋工程装备及高技术船舶、先进轨道交通装备、节能与新能源汽车、电力装备、农机装备、新材料、生物医药及高性能医疗器械等十个重点领域。

三 三次技术革命逻辑及其对人与世界关系的影响

迄今为止，人类历史上大的技术进步（俗称"工业革命"）有三次，分别是 18 世纪的蒸汽技术革命、19 世纪的电力技术革命和 20 世纪的信息技术革命，它们都在不同程度上影响了人与世界的关系。

（一）蒸汽技术革命和电力技术革命

1. 蒸汽技术革命

以蒸汽机的发明及运用为代表的第一次技术革命始于 18 世纪 60 年代，催生了英国的工业革命。

蒸汽机诞生之前，英国已经完成了手工生产向机械生产的转变。英国独特的地理位置、最早的产权保护制度、近代科学思想的传播

---

① 在中国，2016 年张维迎与林毅夫围绕产业政策争论政府与市场谁更有效，轰动一时，引起社会关注和讨论。两人仍停留在理论和逻辑层面讨论政府与市场的优劣问题，但现实当中的市场和政府与理论想象中的相去甚远。市场会失灵，政府也会失灵。产业政策、国家科技计划是否有效，关键在于能否设计出具有激励相容功能的制度。从国外产业政策的实施情况看，政府并不都是武断的、靠拍脑袋决策的"独裁者"，优势产业和科技计划的选择，是综合考虑市场需求、科技创新、国力竞争、人类危机等因素，由政治家、企业家、科学家和技术专家在广泛调查、科学论证基础上的共同决策。企业和个人决策通常是唯经济论的，国家决策却要兼顾经济、社会、政治、军事、伦理、道德等诸多因素，着力为企业和个人提供具有知识溢出效应的通用技术和共性技术，培育具有国际竞争力的产业。

和应用、对外殖民地和贸易市场的开辟等诸多因素的集合，极大地激励了科技发明，提升了各行业的生产机械化水平。在蒸汽机被发明之前，在纺织业机械化革新的带动下，英国的毛纺、化工、染料、冶金、采煤、机械制造等行业也都实现了机械化作业，近代工厂的雏形开始出现。但由于当时的机械都是由人力或水力推动作业的，意味着工厂尤其是使用大型机械的工厂的选址必须临近水势湍急的河流，而这样的河流大多远离城市，运输成本高，且受河流季节性荣枯的限制，因此严重制约着工厂生产的规模。不解决动力问题，新兴的机械化生产就不能完全脱胎于工场手工业式的"小打小闹"，就无法真正跨入机器大工业时代。

"万事俱备，只欠东风。"市场提出了需求，就有人为之不断努力。从法国物理学家巴本（D. Papin）的热机，到英国陆军工程军官托马斯·塞维利（T. Savary）的供矿山开采使用的蒸汽抽水机，最终到瓦特蒸汽机，动力装置持续改进，终于彻底解决了动力的易获性和稳定性问题。至此，各种机械纷纷装上强大的心脏，变身为机器，机器大生产时代开启。蒸汽机的发明，是人类第一次主动地转化利用大自然的能量，极大地提升了生产效率，使社会化大生产成为现实，也开启了人类自我解放的征程。恩格斯评价道："十七世纪和十八世纪从事创造蒸汽机的人们也没有料到，他们所造成的工具，比其他任何东西都更会使全世界的社会状况革命化……"[①]

2. 电力技术革命

电力技术革命的兴起，电磁学理论的发展是科学基础（见图 1-1），激烈的市场竞争是外部环境，科学逐渐被体制化为资本获取利润的工具。

电磁的发现及电磁理论的发展是电力技术革命的科学前提。但

---

① 《马克思恩格斯选集》（第三卷），人民出版社，1972，第 519 页。

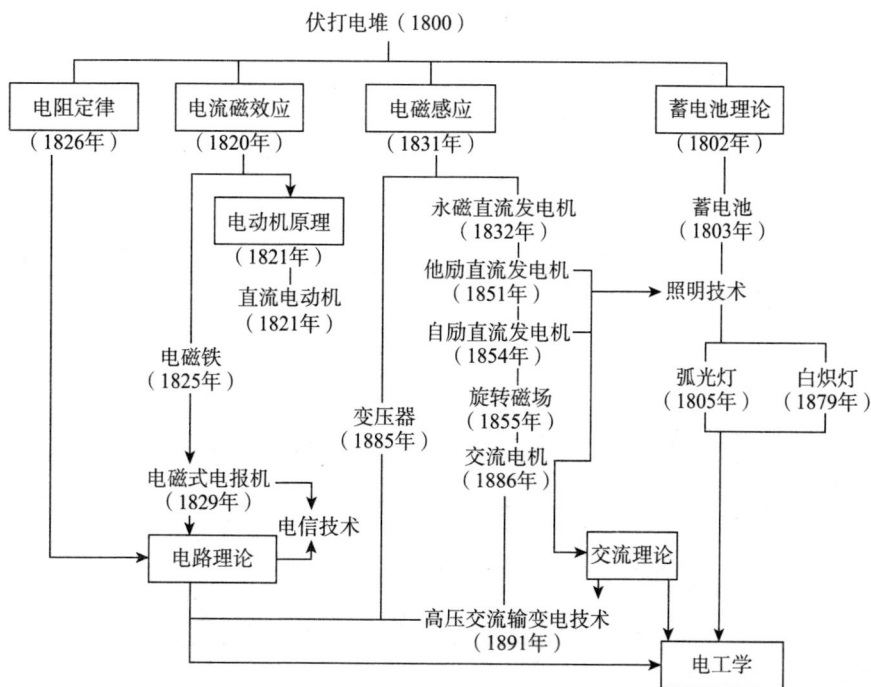

图1-1 19世纪电磁理论与电技术关系

注：方框内是科学理论，方框外是技术发明。

资料来源：赵杏娥《关于电力技术革命起因的研究》，《自然辩证法通讯》1992年第5期。

科学是否向技术转化以及转化的规模与速度"主要不在技术而在经济"①。从法拉第发现电磁感应现象（1831年）、电力机械的早期发明到爱迪生建立最早的直流发电站（纽约中央发电站，1882年），中间花去了50多年的时间，原因很简单，因为其间电力应用的范围还很小，电机和电池就可以满足，建立发电站根本无法获利，直到出现重工业生产、照明（包括民用照明）对电力的巨大需求才改变这种状况。

重工业和照明对电力的需求为电力技术革命提供了经济激励。继英国在19世纪40年代初完成工业革命后，美国于50年代末、法

① 〔英〕贝尔纳：《历史上的科学》，伍况甫等译，科学出版社，1981，第326页。

国于 60 年代末、德国于 70 年代末、俄国于 80 年代末相继完成了工业革命。后起的美国和德国同英国展开了激烈的产品市场竞争（主要是轻工业产品）。要想赢得产品市场竞争，就要扩大生产规模，降低生产、运输、通信成本，进而对资本品（机械、交通通信设施设备、材料、化工、冶金等）的生产提出新的更高的要求。随着自由竞争向垄断的过渡、资本的积累和集中、城市的扩张、工厂车间的扩大、交通（特别是铁路）和通信的发展，工业化开始由以轻工业为主导向以重工业为主导转变，蒸汽能由于动力不足且不能长距离传输而越来越无法满足社会生产生活的需要，电力技术革命的市场前景越来越广阔。电力技术也在电磁学理论的指引下，在各大企业竞相建立的工业研究实验室中，被训练有素的科技人员有目的、系统性地开发利用。科学开始逐渐成为大工业生产系统的组成部分，服务于资本获取利润的需要。

当然，电力技术革命的成功也离不开其他领域技术进步的支持，如冶金技术提供了导电导磁材料，化工技术提供了绝缘材料，机械动力技术提供了原动机，输变电技术使电的远距离传输成为可能，等等。自此，电能迅速取代蒸汽能成为人类主动转化利用自然界能量的主要方式，一直延续至今。

3. 蒸汽革命和电力技术革命的实质

对于社会生产系统而言，蒸汽革命和电力技术革命都是关于人类如何有效利用自然能量的故事。仅靠人力，再精巧的机械装置也无法发挥应有的效能。但这两次技术革命只是用自然能来代替人的体能（主要是力与速度），却无法完全替代人的技能。离开人的思维、判断、灵巧的行动能力的辅助，很多生产将难以完成，再精巧的机器装置也需要人来操控。机器和人共同构成复杂的生产系统，机器使力，人使智。

对于市场系统而言，蒸汽革命和电力技术革命的内在动力都是市场竞争。蒸汽机的发明使规模化、标准化、流水线式生产的工厂出现，生产由分散走向集中，生产效率得以提高，也开启了资本主义国家对外殖民、争夺世界市场的历史。如果说第一次技术革命还主要是由工程师、技师、工匠凭实践经验推动的，还没有人能够左右技术进步的方向的话，那么第二次技术革命就加入了明显的人为设计成分：首先，科学发现被有意识地引入技术发明；其次，科学原理应用的广度和深度取决于市场竞争的范围和层次。科学技术体系变得日益复杂，科技进步需要庞大的资本支持，而资本却不会支持那些没有明确应用前景（或由于人认知的局限性而近期看不到应用前景）和商业价值的科技进步。科学也不再是纯粹的寻求知识和真理，科学家成为公共或私人机构的雇员，科学研究的方向受国家战略、机构利益、市场需求等方面的约束和引导，服务于各种竞争的需要。

（二）信息技术革命

信息技术革命源于人类对于复杂计算的需要。

20 世纪以来，人类对宇宙的认知飞速发展。中国古圣贤对宇宙的描述是"其大无外，其小无内"。对外的探索，有爱因斯坦的相对论和质能方程；对内的探索，有薛定谔和狄拉克的量子力学、摩尔根的遗传变异理论。科技体系的复杂程度和科技工程的宏大程度已经远远超出人们的想象，武器生产、载人航天、原子弹爆炸都需要强大的计算能力，人脑的计算速度远远不能满足，人类开始着手开发"外脑"，设计能计算的机器。别忘了，所有这些都离不开资本的支持，所有这些都是资本获取利润的载体，尽管有些载体初看是政治的、军事的，但最终都是经济的。反过来，没有技术进步为资本开辟新的领域，资本就不能在改变世界的过程中获取利润。技术和资本就是如此奇妙地结合在一起。

既然人类对计算能力提出了需求，总有相应的人力、物力为之努力。幸运的是，人类又一次成功了。冯诺依曼和图灵的计算机理论开启了崭新的科技领域，计算机技术及衍生的电子技术将人类带入数字时代。之后，人类不断改进算法（目前已经发展到多层神经网络算法），提升算力（未来将向量子计算机和生物计算机发展），工业机器人、人工智能等越来越具有"智慧"的机器出现（目前人工智能已经具有深度学习这种自我进化的能力），越来越广泛地渗透到生产和消费领域。

如果说前两次技术革命以物理机械为主，主要是替代人的体力，那么从以信息技术革命为代表的第三次技术革命开始，人的智力也开始逐步被替代。目前人类正在经历第四次工业革命（以人工智能、无人控制技术等为主的"全新技术革命"）。从严格意义上讲，第四次工业革命是第三次工业革命的深化和延伸。

按照卡尔·波普尔（Karl Popper）的"三个世界"理论，世界由物质自然（世界1）、人（世界2）及人的精神活动产品（世界3）三部分组成。波普尔认为世界1和世界3是无法直接连通的。人的精神活动产品必须经过人的大脑理解和肢体动作才能对物质自然产生作用，因此社会生产须臾离不开人的智力和体力活动。蒸汽技术革命和电力技术革命都没有打通世界3和世界1之间的障碍。然而，信息技术却在此方面取得了突破（见图1-2）。

信息技术由硬件技术和软件技术组成。硬件技术的核心是能够识别"通电"和"断电"两种物理信息的中央处理器（CPU），能够按照时间序列和程序指令进行运算；而软件技术的核心是计算机程序，通过计算机能够识别的语言向中央处理器下达指令。软件是"人的精神活动产品"，计算机具有物质自然属性，通过软件和硬件组成的信息处理系统，世界3和世界1具有了直接相互作用的能力。随着计算机技术、大数据技术和物联网技术的发展，现今计算机已经能够把客观物质世界及其运动"数字化"。计算机发出指令控制生

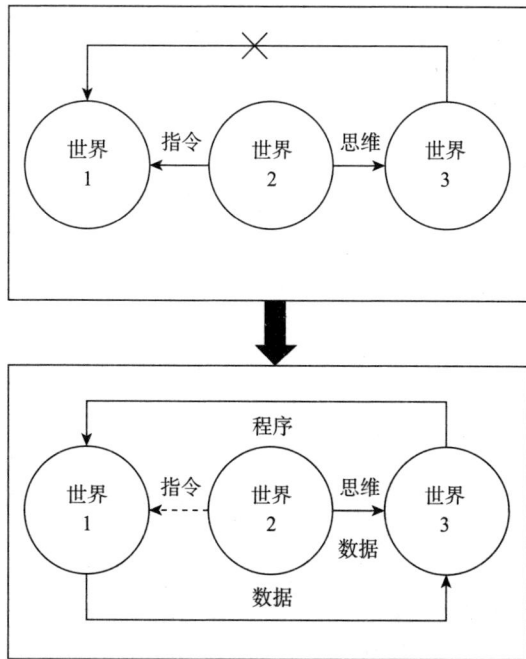

图 1 - 2 技术革命对"三个世界"的影响

产活动,生产活动中的信号可以实时向计算机反馈,计算机根据接收的信息来判断情况并做相应的调整,向生产活动下达调整后的指令,由此实现生产活动的无人控制。由此可见,世界3和世界1的联通交互可以绕过"人"这一环节,大部分人在社会生产中的地位将逐步下降。人在社会生产中的功能将更多地体现在智力的运用方面,主要是提出创新性的理念、思路和设计方案,将之付诸实施的生产过程将由程序、计算机、传感器、机器设备组成的"自动生产系统"来完成。正如汪成为院士所言,"信息技术在未来最有希望的发展方向是产生一种'人-机共生体',其中机器部分将进行复杂繁琐的数据运算和逻辑推理,并直接推动物理世界的机器设备运行以实现人类的目标,人脑则负责创造性、美感、情感、价值判断等方面"①。

---

① 汪成为:《人类认识世界的帮手——虚拟现实》,清华大学出版社,2000。转引自王克迪《信息技术对未来社会的影响》,《科学与社会》2016年第6期,第114页。

据此推测，人将越来越多、越来越快地从直接生产服务领域中退出，甚至机器的生产、检测、维修都能够由"自动生产系统"来完成，整个社会生产将只需要为数不多的具有创造才能的脑力劳动者来不断地为"自动生产系统"注入灵感和思想。

四　对未来技术进步的展望

在未来，若非有毁灭性世界大战那样的"人祸"以及彗星撞地球那样的"天灾"，技术进步的速度无疑会越来越快。有两个著名的理论来描述自然界技术进步的速度，即库茨维尔定理（Kurzweil's Law of Accelerated Return）和技术奇点理论。

库茨维尔定理认为，人类社会出现以来的技术进步都以指数增长，开始时技术发展缓慢，但技术积累到一定程度，技术发展开始加速，以指数的形式增长，继而以指数的指数形式增长，在未来某个时候，技术发展将接近于无限快。而技术奇点理论则是根据技术发展史总结出的观点，认为未来技术发展一定会在很短的时间内发生极大的接近于无限的进步。通常认为技术奇点将由能够自我进化的机器智能或者其他超级智能的出现所引发，届时技术发展将远远超出人的理解和认识能力。

当然，两种理论描述的都是技术进步的极端状态，可能要花费很长时间才能实现。但两种理论都暗含一种趋势，即技术进步的速度会越来越快，人的学习和适应能力相比之下越来越慢，整个社会生产将更多地由机器来完成，将来甚至出现自我进化的机器智能或更高级形态的超级智能，从而威胁人在社会当中的主体地位。

目前以大数据、云计算、"＋互联网"、"互联网＋"为标志的信息技术和以工业机器人、智能机器人为标志的机器人技术正在快速发展融合，这被许多人认为是技术奇点出现的前奏。尽管结论尚需实践的检验，但这些技术已经开始对社会经济生活产生广泛而深刻的影响。

就人工智能的发展而言，尽管被誉为人工智能领域的"根目录人物"之一的 Michael I. Jordan 告诫大家，人工智能和机器学习目前仍处于幼稚阶段，不太可能达到与人类同等智力的灵活性和创造性，在应对世界不确定性方面的能力仍非常有限，"奇点"的到来可能需要较长时间，但技术进步的速度还是足以对人类社会产生强烈的冲击。以失业潮为例，每一次工业革命都会让很多人失业。"过去的失业浪潮要经过三五十年才能完成，但接下来，很多工作可能在 5～10 年内就会被完全取代，这是一个新的趋势，贫富差距也会随之进一步拉大。"①

在未来，伴随着持续不断的技术进步，越来越多的劳动密集型产业将转化为资本密集型产业或技术密集型产业，越来越多的资本密集型企业和技术密集型企业将雇佣越来越少的劳动力，资本和技术对劳动的替代将遍布各行各业。资本将越来越少地雇佣劳动，将越来越多地雇佣资本本身。全社会资本深化的速度加快，资本技术构成提高的速度加快，技术越来越成为决定市场竞争成败的决定性因素。

第二节 技术进步与资本深化的关系

如前所述，近代以来，技术进步越来越服从和服务于资本获取利润的需要。在商品和服务的生产领域，技术内化于资本与劳动之中，技术进步不断调整着资本与劳动的结构。

一 资本深化的内涵

（一）资本分类及拓展

对资本的分类方法有多种，有机器、厂房等以生产资料形态存

---

① 转引自《Michael I. Jordan：我们并非处于人工智能的大爆炸时代》，网易新闻，http://js.news.163.com/17/0912/08/CU4D6N2O042497VS.html，2017 年 9 月 12 日。

在的物质资本，有以未来现金流水平衡量的、以价值形态存在的金融资本，有以专利技术、发明创造等形式存在的知识资本（也称智能资本），也有以品牌价值、商誉等形式存在的无形资本。对资本和劳动的对立关系理解得最深的莫过于马克思。但是，马克思在《资本论》中所指的资本属于物质资本范畴，其所得出的资本有机构成不断提高的结论有两个前提：一是资本专指物质资本，知识资本暂未进入分析视野；二是劳动在很大程度上指简单劳动为主的体力劳动。然而，随着文明的进步，特别是以信息技术为代表的第三次科技革命以来，知识资本在经济发展中扮演着越来越重要的角色，越来越多地参与剩余价值的分享。劳动也不再是简单的体力劳动，而是带有越来越多的技术和知识含量的复杂劳动。因此，我们应该用发展的眼光重新审视资本和劳动的内涵问题。

马克思将资本分为不变资本和可变资本两类：不变资本是指包括机器、厂房等在内的物质资本，可变资本是指以劳动力形式存在的资本。但这种分类方法具有历史局限性，只适用于机器、厂房等实物资本占主导地位的机器大生产时代。随着技术创新、发明专利等知识资本在社会生产中的地位日益突出，资本的内涵也要进行相应的拓展。由于技术创新、发明专利等知识资本最终往往外化于实物资本并以实物资本的形式进入生产过程，或者成为获利能力很强、市场价值很高的无形资本①，因此，不变资本也应该包括这部分知识、技术资本。② 可变资本也不再仅仅包括支付给普通体力劳动者的生存工资，还应包括支付给拥有较高技能或管理水平的劳动者的人

---

① 时下国内最典型的要数互联网应用软件或互联网平台，如百度（Baidu）、阿里巴巴（Alibaba）、腾讯（Tencent）等，这些企业实物资本占比较小，知识、技术等知识资本占比较大。这类企业先期投入的研发成本及市场开拓成本较高，但后续运营成本很低，使用产品的客户数量越多，平均成本越低，利润越高。

② 知识资本进入生产领域的方式，可以是专利技术的持有者以技术入股或收入分成的方式与物质资本相结合，也可以是企业主通过购买专利技术、新的机器设备来进行。

力资本报酬。[1]

（二）资本深化的含义及度量

资本深化是指资本积累的速度快于劳动力增加的速度，人均资本量呈上升趋势。资本深化是结果，技术进步在背后起着重要的推动作用。然而受数据的结构及质量的制约，要想准确度量资本深化程度绝非易事。如在中国，目前国家统计局能够提供的资本数据只有全社会固定资产投资及分行业固定资产投资两类数据，没有再度细分的数据，据此得出的资本深化数据容易掩盖结构性问题：首先，不能区分地区、企业的资本深化程度。从资本的技术构成角度看，某些地区、企业表现出资本规模大，但就业人数少；而另外一些地区、企业呈现资本规模小，但就业人数多。其次，不能准确反映资本深化的水平。因为尽管资本规模是比较确定的，但有效就业人数（可以用劳动者的就业状态来衡量，如失业、半失业，企业开工、半开工，企业冗员规模，等等）并不容易得到。[2] 由于失业、不充分就业和冗员的存在，资本深化程度很可能会被低估。然而，由于收入水平可大体反映就业质量和水平，因此，用不变资本与可变资本的比值即资本有机构成更能准确反映资本深化的程度。

综上，比较全面地评估资本深化要从两个方面进行：一是资本的技术构成，即资本规模与就业规模的结构；二是资本有机构成，即资本价值与劳动价值的结构，用不变资本与可变资本的比值来表示。如果不变资本与可变资本的比值上升，则表明资本有机构成提高，会导致劳动者收入占比下降；如果剩余价值（近似地理解为利

---

[1]　就数据的可获得性而言，可变资本规模可用劳动者报酬来衡量，因为劳动者报酬反映了包括企业家、经理层、技术人员、普通工人等在内的劳动收入水平（包括工资、资金、补贴、社保缴费等）。不变资本方面，还需要根据历年固定资产投资数据运用一定的方法估算固定资本形成总额，另外，知识资本方面的数据由于不易量化而没有现成的统计数据，也需要估算。

[2]　特别是当政府为企业提供稳岗补贴或为稳定就业而减低企业税费时，由于这些行为某种程度上扭曲了劳动力市场的供需结构，造成实际就业规模高于单纯由市场决定的水平。

润）与不变资本的比值同时上升，则会导致劳动者收入占比加速下降。如果观察到全社会剩余价值与可变资本的比值保持稳定或下降，同时劳动者收入占比也在下降，则表明资本有机构成在提高，资本深化程度在加深。

二 技术进步对资本深化的影响

技术进步作为"人的精神活动产品"必须借助物质载体（在经济学的语境下就是资本）才能对现实世界产生作用。尤其是在科学知识系统日益复杂的今天，那种依赖个人智力、"灵光乍现"式的创新越来越难、越来越少了，技术创新或跟随模仿总是以数量庞大的资本投入为前提，技术创新的成果转化为现实的生产力和物质产品以及产品的推广销售都需要庞大的后续资本投入，而且绝大多数技术应用也以资本品为载体。也就是说"科学→技术→生产（经济）"整个环节都离不开资本的支持。从这个角度而言，在以资本为纽带的市场经济条件下，技术进步的过程很大程度上就是资本深化的过程。需要说明的是，技术进步与资本深化二者的关系是单向的，技术进步会导致资本深化，而资本深化不必然引起技术进步，例如重复建设表现为资本深化，却不会引起技术进步。

（一）资本深化：宏观工业结构变迁的视角

1. 国外情况

国际上，发达资本主义国家大都经历过由轻工业向重化工业发展的阶段。如第一次工业革命时期，英国、美国、德国等都在发展以纺织业为主的轻工业。进入第二次工业革命时期，在市场机制的作用下，以电力技术为标志的工业技术进步极大地改造了工业结构，这些国家都转为发展钢铁、机械、化工等重化工业。由于轻工业的资本密度低于重化工业，故工业结构的巨大转变自然会引起资本深化。

霍夫曼在《工业化的类型及阶段》一书中将工业产业分为三类：消费资料产业（包括食品业、纺织业、皮革业、家具业等），资本品产业（包括冶金及金属材料工业、运输机械业、一般制造业、化学工业等），其他产业（包括橡胶、木材、造纸、印刷等工业）。他通过研究近 20 个国家的工业结构变迁的历史数据，提出用霍夫曼比例（消费品工业净产值/资本品工业净产值）来度量工业结构的变化，得出的结论是霍夫曼比例呈下降趋势，也就是说，资本品工业呈上升趋势（见表 1-1）。资本品工业的资本密度要高于消费品工业，这也说明工业呈逐步资本深化的趋势。

表 1-1　霍夫曼工业化阶段指标和特征

工业化阶段	消费品工业净产值/资本品工业净产值	基本特征
第一阶段	5（±1）	消费品工业占优势
第二阶段	2.5（±1）	资本品工业迅速发展
第三阶段	1（±0.5）	消费品工业与资本品工业达到平衡
第四阶段	1 以下	资本品工业占主要地位

资料来源：张培刚《发展经济学教程》，经济科学出版社，2001，第 500 页。

2. 中国情况

与国外工业结构的自然演进次序相比，中国受苏联工业发展策略的影响，在中华人民共和国成立之初就确立了重工业优先发展的道路，靠转移农业剩余来支持重工业的发展，工业资本密度起步时就很高。我们可以从工业产值构成来观察工业结构变迁。

1952~1978 年，中国工业增加值占 GDP 的比重由 17.6% 增加到43%；重工业产值占工业总产值的比重也由 30% 左右增加到 50% 左右，1960 年甚至达到 66.6%。[①] 改革开放以后，农村土地制度改革释

---

① 李博、曾宪初：《工业结构变迁的动因及类型——新中国 60 年工业化历程回顾》，《经济评论》2010 年第 1 期，第 54 页。

放了消费需求，受此影响，轻工业得到了一段时间的恢复性发展。进入 20 世纪 90 年代后，社会主义市场经济体制的确立以及加入 WTO，国内市场激活，国外市场打开，中国又进入了新一轮工业化过程，资本深化趋势明显。① 2000 年以后重工业比重又开始上升，重工业产值占工业总产值的比重也随之上升，直至 2008 年美国次贷危机爆发。不难看出，中华人民共和国成立以来中国工业资本密度总体上呈上升趋势，工业资本也处于不断深化之中。

从全社会资本与劳动的关系看，中国也处于不断的资本深化过程中。1995～2014 年，中国资本增长的速度明显快于劳动增长的速度。以 1995 年不变价格计算，中国资本形成总额由 99147.9 亿元增长到 1428048.14 亿元，年均增长 15.07%；而劳动人数（总就业人口）由 68065 万人增长到 77253 万人，年均增长 0.67%。受此影响，资本劳动比也由 14566.65 元/人增长到 184853.42 元/人，年均增长 14.31%（见图 1-3）。由此可见，中国资本深化程度逐年加大。

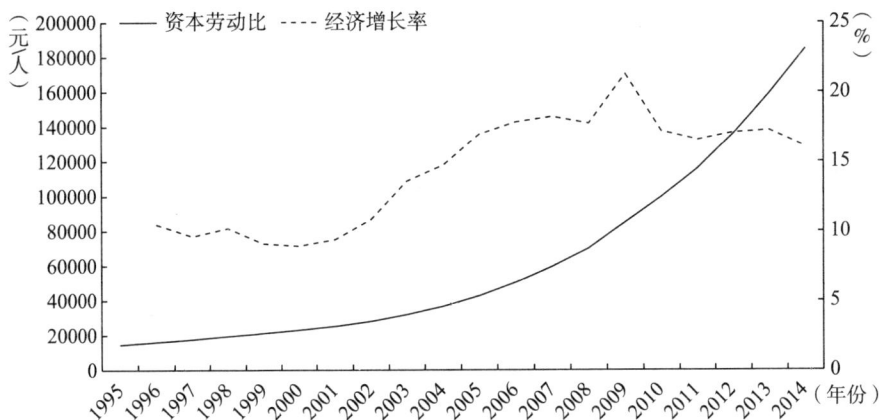

图 1-3　中国资本深化的趋势（1995～2014 年）

资料来源：根据国家统计局网站提供的数据计算得到。

---

① 如陈勇、唐朱昌测算了 32 个工业行业的资本劳动比，结果显示 1991～1995 年和 1999～2003 年均存在明显的资本深化趋势。

（二）资本深化的动因

在开放型经济体中，产业、行业和企业都要面对国际和国内激烈的市场竞争压力。为了求生存和发展，提高劳动生产率是关键。而国外研究表明，技术进步和资本深化是劳动生产率增长的主要源泉。[①] 可见，资本深化的深层原因是提高劳动生产率的需要。那么，什么样的力量会促进资本深化呢？

市场经济当中，配置经济资源的主要力量包括市场和政府两种。资本和劳动作为生产要素，自然会受到市场和政府的影响。

1. 市场的力量

根据微观经济学理论，生产商为了实现既定生产成本下的产量最大化，会不断调整资本（K）和劳动（L）的投入比例，直至生产的边际技术替代率（$MRTS_{LK}$）等于劳动的价格（即工资率 ω）和资本的价格（即利息率 r）的比值，即 $MRTS_{LK} = \dfrac{\omega}{r}$。

工资上涨（劳动力成本上升）会促进资本深化。工资上涨对资本深化的影响分短期和长期两种方式。

（1）短期影响

短期内，工资上涨使生产商在现有生产技术条件下通过调整生产要素的结构来实现既定生产成本下的产量最大化。

假定由于工资上涨，使得 $MRTS_{LK} = -\dfrac{dK}{dL} = -\dfrac{1}{3} < \dfrac{\omega}{r} = \dfrac{1}{1}$，则在生产要素市场上，生产商减少 1 单位劳动的购买而节省的成本可以购买 1 单位的资本，而在生产过程中，生产商在减少 1 单位的劳动投入量时，只需要增加 0.33 单位的资本投入量就可以维持原有的生产规模，因此生产商可利用多得到的 0.67 单位的资本投入量来扩大生产规

---

① Kumar 和 Russell 进一步将技术进步分解为前沿技术进步和技术效率改进两种方式。

模。由于生产要素总成本不变，总产量上升，客观上就表现为劳动生产率上升，因此，只要 $MRTS_{LK} < \frac{\omega}{r}$，生产商就有动力持续用资本去替代劳动，直至生产的边际技术替代率重新等于工资率和利息率之比。

（2）长期影响

长期内，生产商或者通过技术创新，或者通过引进更先进的技术，用生产效率更高的机器设备来替代劳动，因此资本深化的过程也就是技术进步的过程。

长期来看，受人口年龄结构老化、人们对更高生活水平的追求、社会保障制度的完善及待遇水平刚性增长等因素的影响，工资水平有持续上涨的压力。而与此同时，技术进步使资本的生产效率越来越高，资本品投资的性价比越来越高，生产商越来越有动力用资本替代劳动。因此资本深化将是一个长期的趋势。

以中国制造业为例。改革开放以来，中国制造业名义工资和实际工资都呈现不断上升趋势。2002 年前后，中国珠三角、长三角等沿海地区开始出现"用工荒"。此后，劳动力供不应求的状况向内陆地区逐步蔓延，推动整体工资水平快速上涨。2003 年至 2015 年，城镇制造业名义工资由 12671 元增长到 55324 元，年均增长 13.07%；实际工资也由 12557 元增长到 54506 元，年均增长 13.01%（见图 1－4）。名义工资增长率和实际工资增长率都高于 GDP 增长率。工资上涨可以部分地解释中国资本深化的原因。

2. 政府的干预

政府对资本深化的影响主要通过政府的产业政策、金融政策、对外经济政策等来传导，这在发展中国家比较明显。发展中国家为了利用"后发优势"，普遍通过制定产业政策、引入发达国家先进的生产技术设备来发展本国产业，实施"出口替代"战略，技术进步具有较强的资本偏向型特征。

在中国，政府对资本深化的影响体现在要素价格扭曲（尤其是

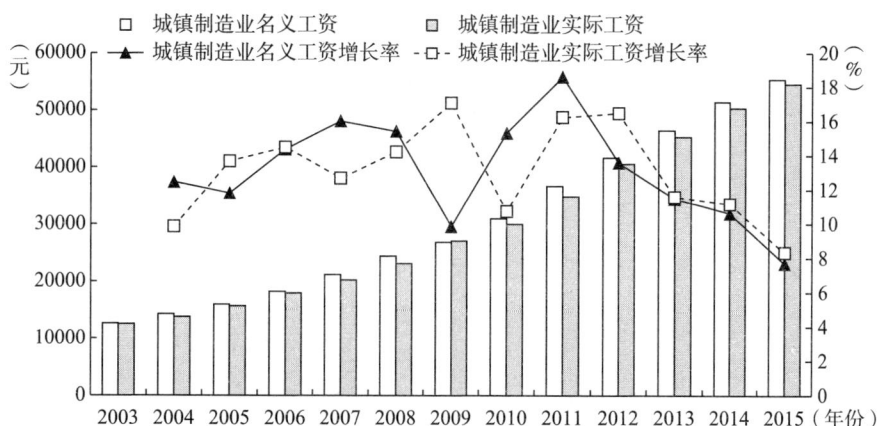

图 1-4 中国城镇制造业工资水平变化情况 (2003~2015 年)

资料来源：国家统计局网站。

金融管制下的资本价格扭曲），产业发展的跟随模仿战略和出口导向战略，政府主导的、以国有企业为载体的大规模投资等方面。在政府的干预下，中国产业发展背离劳动力丰富的"要素禀赋优势"原则，使得资本增加的速度高于就业增加的速度。

总体而言，中国经济发展长期依靠投资来驱动，其中政府投资占相当大比重。尤其是在面对 2008 年美国次贷危机这样的年份，政府投资规模增长得更快。1995~2014 年，中国投资率（投资占 GDP 的比重）整体呈上升趋势，由 32.64% 增长到 79.51%，年均增长 4.8%。目前中国仍处于工业化中期，技术创新整体能力不足，全要素生产率对经济增长的贡献微弱。而且中国现在进入经济新常态，又面临"三期叠加"（增长速度换挡期、结构调整阵痛期和前期刺激政策消化期），"三去一降一补"（即去产能、去库存、去杠杆、降成本、补短板）任务艰巨，国民经济将面临一段较长时间的痛苦的调整过程。为确保经济增长、就业增长和社会稳定，保持投资增长依然非常重要。

当然，大规模投资内含了生产效率提升和技术进步，但同时降低了产出（或资本）吸纳就业的能力，这在后文将会说明。

三 经济新常态对中国技术进步、资本深化的影响

经济新常态下，中国生产要素的结构发生了变化，总的格局是：劳动力和土地要素价格①逐渐提高，目前已经达到较高的水平，且有继续增长的态势，与此相比较，以自动化生产线、工业机器人、人工智能为代表的资本品价格由于技术进步而越来越具有比较优势。尤其是劳动力价格，在住房、教育、医疗等基本生活成本不断提高的情况下，已经逐渐开始与劳动生产率脱钩，成为企业沉重的负担。由于生产要素相对价格发生变化，根据要素的边际生产力原理，生产要素替代现象必然会出现。为了降低生产成本、追求利润最大化、提升国际国内竞争力，将会有越来越多的企业采用自动化生产线、工业机器人和人工智能。在此过程中，会出现技术创新或技术引进，总体表现为技术进步；也会出现大规模的生产设备更新改造，用机器替代劳动力，导致劳动力就业数量相对或绝对地减少，由此表现为资本深化。

---

① 需要说明的是，这里的土地价格主要指住房用地价格，这一价格最终会反映到房租和购房价格上，成为人们必需的基本生活支出的一部分，也就是再生劳动力成本的一部分。

第二章 技术进步和资本深化对就业的影响

就业是民生之本。人类进入工业化社会以来，就业一直是获取收入的主要方式。而技术进步自身及间接地通过资本深化能够对就业产生影响。从直观经验感知，人类第一次工业革命以来的技术进步在促进生产力发展、扩展市场规模的同时，也促进了全球及各国的就业增长。于是人们就建立起了技术进步与就业增长之间的联系。人们拥抱技术进步，因为它既改善了物质生活条件，又不会引起大规模失业。然而，人类普遍的乐观之下，又隐藏着怎样的忧患呢？技术进步轨迹的变化会对就业产生怎样的影响，它是否会持续增加就业呢？世界市场规模是否会持续扩大呢？人类调适的能力能够赶得上技术进步越来越快的步伐吗？这些问题都值得我们进行深入理性的思考。

本章研究技术进步如何影响就业总量及就业结构。从传导路径看，技术进步通过影响生产要素结构变化、劳动者分化、商业模式变化来影响就业。特别是互联网出现之后，传统的商业模式开始改变，生产者开始掌握产品的最终定价权，传统的中间销售环节会减少甚至消失，这将深刻地影响就业。技术进步对就业总量的影响理论上取决于技术进步的"替代效应"和"补偿效应"孰大孰小，取决于技术进步的速度和市场扩张的速度。随着技术进步速度的加快，越来越多的劳动者难以适应，劳动力再次出现与工业化初期相同的被同质化的趋势；技术进步也会不断加深生产能力的扩大与人们有效需求能力的减弱之间的矛盾，随着资本收入份额的提高及劳动收入分配差距的扩大，全球市场及各国国内市场的扩张将呈收敛态势，长期来看，技术进步的"替代效应"会越来越明显。其实，全球就业已经出现数次危机，只不过通过不断创造"虚增的信用"可以暂时地、部分地调和供过于求的尖锐矛盾，但这无异于"饮鸩止渴"，就业的真相最终会暴露出来。技术进步对就业结构的影响已经非常明显，表现为三次产业就业的渐次转移以及就业分化等。需要引起重视的是，在中国，随着自动化生产线、智能机器人的逐渐引入，各个产业、行业的就业将会受到严重的冲击。

第一节 技术进步影响就业的传导路径

技术进步影响就业的传导路径主要有三个，即生产要素结构、劳动技能和商业模式。技术进步正是通过对以上三个方面施加影响来对就业产生作用的。

一 生产要素结构的变化

经济全球化背景下的当今世界，崇尚工具理性，鼓励资本逐利，资本和技术居于统治和主导地位。

新古典经济学提出生产"四要素"，即劳动、资本、土地和知识进步（包括技术、管理等）。各种生产要素获得收入的能力是由其稀缺性决定的，生产要素越稀缺，获得收入的能力越强。在一国经济起飞阶段或工业化阶段，资本相对于土地、劳动力往往是稀缺的，故资本收入份额（资本收入占国民收入的比重）呈上升趋势；同时，机器化生产还会将部分劳动力暂时地或永久地挤出劳动力市场，劳动者由于处于不利的地位只能获得日益减少的国民收入份额。这种情况在很多发达国家中都曾出现过，并且正在发展中国家发生。

不可否认，社会生产的动力会悄然转移，生产要素的稀缺性结构也将随之变化。在崇尚科学、逻辑和奉行工具理性的西方国家，科学技术因在认识自然、改造自然过程中所展现的力量而被人们赋予越来越大的信任和期望。正是看到这种发展趋势，制度经济学创始人凡勃伦在《企业理论》一书中大胆预言，技术将不断进步，资本将逐步过剩，终有一日，技术会取代资本占据社会生产的主导地位，企业控制权将由"技术人员"与"企业高管"组成的"专家组合"掌握，出现技术雇佣资本的局面。

这里需要澄清两点：第一，凡勃伦笔下的"技术人员"并非企业中的技能型工人，而是拥有专利技术、知识产权等技术创新能力的"技术企业家"，"企业高管"准确地说应是熊彼特笔下的具有"创新"① 能力的"管理企业家"。"技术企业家"的技术创新能力和"管理企业家"的综合创新能力都是关系企业生存发展的核心要素。因此，与普通技能型工人的区别是，"技术企业家"和"管理企业家"除获得劳动报酬外，还要参与企业资本收益的分配，国际上通行的做法是，公司高管持股或持有股票期权，知识产权所有者、技术发明人以技术入股。第二，凡勃伦"技术雇佣资本"的说法并不准确。科学技术发展到今天，在既有领域的创新越来越难，需要投入的资本量越来越大；在新的领域，颠覆性的、原创性的技术理论创新还有可能靠"灵光乍现"获得，但理论创新到实践应用也需要大量的资本投入。在技术成熟后，进入生产环节，变成现实的产品和服务，更需要资本的支持。可以说，在市场经济中，技术创新只有同资本相结合才能发生、发展并最终进入生产过程，才能实现自己的价值。技术创新是社会生产的"原力"和"自然力"，而资本是

---

① 熊彼特所指的"创新"包括：采用新产品；采用新的生产方法；开辟新市场；获取新的原材料或半成品来源；实现新的生产组织方式；等等。

社会生产的"助力"和"经济力、社会力",技术只有在资本的土壤中才能开花结果。随着时间的推移,技术与资本融合,技术就成为事实上的资本。回想一下当年比尔·盖茨与 IBM 公司签订的经典合约:IBM 公司生产的电脑装载比尔·盖茨编写的 MS－DOS 电脑软件,IBM 公司每出售一台电脑所获得的收益按一定比例支付给比尔·盖茨。微软公司曾一度控制了 84% 的操作系统软件市场。你难道能够否认技术是资本吗?因此,从发展变化的角度看,马克思关于社会化大产生过程中"资本与劳动的对立"的观点现在应表述为"技术(知识)资本、物质资本与劳动的对立"。技术与资本不存在彼此的雇佣关系,在市场经济条件下,技术就是资本,就是与劳动相对立的资本。

二 劳动技能的分化

技术进步推动国民经济重心从第一产业转移到第二产业再到第三产业。就业重心与国民经济重心同步移动。各国发展的基本趋势是第一、二产业就业比重在减少,而第三产业就业比重在上升。劳动力在三次产业之间梯次转移的现象被称作"配第－克拉克命题"。这当中隐含着一个重要假设,即人具有很强的就业调节能力,能够克服知识、技能、经验等条件的束缚,进而无障碍地在产业之间、行业之间、企业之间自如地转换角色。

早期工业经济时代的劳动者能够满足这一假设。在工业生产过程中,由于分工日益细化,复杂的工作分解为多个简单的工作,人渐渐成为机器的附庸。工人从事的是简单重复性的工作,所需要的仅仅是体力和简单的技能,依靠耳、眼、鼻、口、手、脚等器官就能胜任,不需要繁重而复杂的脑力劳动。具有正常心智和健康的人,加以培训就能适应各行各业的需要。可以将此类劳动者称为非技能劳动者。

　　然而，随着技术进步，人类从事的工程项目越来越宏大，复杂程度越来越高，如大型船舶、大型码头、跨海大桥、摩天大楼、大型客机、运载火箭、太空飞船等的建造。这些工程体量大、工艺要求高，需要专门的管理人员、设计人员、施工人员和监理人员，其从业者要从有相关工作经验的人群当中千挑万选，经过特殊的培训方能上岗。如大型船舶船体的焊接，焊接质量好坏直接关系到船舶入水之后的抗压能力，因此需要专门的焊接工艺、设备和人员，对焊工技能的要求远远高于普通工业企业。

　　尤其是工业生产当中引入智能因素之后，如各种数控机床、加工中心等生产设备，由于需要工人将设计师的图纸转化为机器可以执行的语言命令，工人不仅要能够解读图纸的各项技术要求，而且要能够编写控制程序，这就对工人的知识、专业、学历、技能等提出更高的要求。此时技术进步便设置了"门槛"，将那些不符合要求的人排除在外，劳动力的流动不再如此前那般自如。于是劳动力开始分化，门里的是技能劳动者，门外是非技能劳动者。

　　知识经济、信息经济兴起之后，知识、专业、技能对就业分化的作用更加明显。生物技术、信息网络技术、计算机技术等高新技术行业的用工对象多为高学历、高技能的人才，这些人才多数不是由第一、二产业剩余劳动力转化而来，而是由高校、职业技术学校直接输送的。劳动力在产业之间转移的壁垒越来越高，对多数在原有产业、行业的从业者而言可能是无法逾越的。

　　如果技术进步的速度比较慢，给劳动者学习、培训留有足够的时间以适应技术进步的要求，那么，一段时间之后，可能会有一部分非技能劳动者成为技能劳动者，前提是这些非技能劳动者接受过一定层次的教育，具有一定的科技文化知识素养。但如果技术进步的速度越来越快，对劳动者的技能要求越来越高，那就只有越来越少的人能满足要求，而绝大多数人来不及学习，茫然无措。于是，在整个就业链条上，人们渐渐被固化在不同的技能层次上，形成一个"金字塔"式的劳动者结构，那些处于底端的劳动者随时有被市场淘汰的危险。

随着劳动者分化，前工业化社会当中"资本与劳动"的二元对立关系逐渐被后工业化社会当中的"资本、技能劳动者、非技能劳动者"的三元对立关系所取代。非技能劳动者是社会的弱势群体，极易遭到技术进步的冲击和资本（这里仅指生产性资本）的排挤，最需要得到就业帮助，也最需要社会保障。

三　商业模式的变化

生产者与消费者之间的距离是以交易时间来计算的，即商品和服务从生产者手中到消费者手中所经历的时间。交易时间受信息传输速度和运输速度的影响。

获取信息是达成商品和服务交易的前提，信息传输速度越快，传播范围越广，生产者和消费者彼此了解的时间越短。如果生产者和消费者之间没有信息渠道，那么商品和服务的交易就不会发生，此时二者之间的交易时间无限长。

在信息不对称问题解决之后，商品和服务要经过或长或短的空间运输才能从生产者到达消费者。尽管空间的地理距离不能改变，但通过提升运输速度，可以缩短跨越空间的时间长度。而提升运输速度可以通过发明和改进运输工具、拓展交通运输网络、优化物流体系等方式来实现。

正是由于交易时间的存在，生产者与消费者之间不能瞬间完成钱货两清的交易，许多中间环节应运而生。在信息不发达的年代，消费者很少有机会同生产者接触，生产者也很难了解消费者的分布、数量、偏好及需求规模，也很少有生产者有实力建立自己垂直的、覆盖范围广泛的营销体系。按照"专业的人干专业的事"的社会分工原则，生产者要将产品的流通环节交由商业资本去完成。商业资本通过层级结构的委托代理模式，建立起广泛的销售渠道和网络。按照马克思的说法，商业资本的利润来源于产业资本所创造的剩余价值的一部分。然而，互联网的出现使生产者对价值链的控制力开始发生变化，从而对中间环节造成越来越强烈的冲击。

（一）互联网出现之前的商业模式

互联网出现之前，商品的价格从生产者到消费者的途中层层加价，生产者只是价值链上的一环，对价值链没有控制力。生产者与中间商之间是合作关系。尽管商品的价格是由市场决定的，但商品的价格只有使生产者和中间商都能够获取利润，商品才能出现在市场上并到达消费者。这里我们模拟商品的价格变形过程。

生产者的成本加上利润就是产品的出厂价格。之后，商品经过包装、运输、仓储、批发、零售等各个环节，每个环节都要在之前价格的基础上加价，然后售卖给下一个环节。每个环节的加价幅度都是"黑箱"，不为人所知，加价的能力取决于该环节对价值链的控制力。在商品的总利润由市场决定之后，各个环节之间就是竞合关系：竞争源于对利润的争夺，你多则我少；合作源于维系价值链的需要，争夺再激烈，每个环节总得有合适的利润，否则，一个环节中断，整个价值链都要崩溃。

由于每个环节都有利润可赚，每个环节会根据利润的大小选择适宜的生产组织方式，如综合性商场、大型批发市场、专卖店、零售门店等。这些都会产生就业需求。

（二）互联网出现之后的商业模式

互联网的出现，对传统的商业模式产生了强烈的冲击，尤其体现在价值链的分配上。互联网的公共性、链接性，使之能够很好地解决信息不对称问题。通过各大信息平台上的产品信息，越来越多的消费者能够直接与生产者建立联系，消费者通过第三方支付系统将钱支付给生产者，而生产者借助发达的物流体系将产品送达消费者手中。

与传统的商业模式相比，生产者和中间商的关系发生了根本性的变化：首先，生产者掌握着产品的最终定价权。生产者直接对产品进行定价，消费者向生产者支付的价格决定了产品从生产到流通的总利润。生产者取得了价值链的主导权和价值分配权，他的工作是向商品流通所必需的中间环节分配利润。其次，中间环节的结构发生改变。很多传统的中间环节（如批发市场、综合性商场、专卖店、零售门店等）会减少甚至消失。与此同时，大型物流企业、快递业等兴盛起来。

由于产品的质量和价格信息在市场上暴露得比较充分，消费者选择的空间很大，生产者将面临消费者更严苛的挑剔，同类产品生产者之间的竞争更加激烈。由于生产者确定的价格就是产品在市场上的最终价格，在同等质量条件下，能够压低生产成本、流通成本，最终定价较低的生产者将胜出。除了采用先进生产设备和技术提高劳动生产率、提升产品质量外，生产者还必须选择低成本的流通方式来控制产品的总成本。如果生产者不幸选择了成本较高的流通方式，要么自己有能力消化，但这会减少生产者的利润；要么将较高的流通成本加入产品价格当中，这会降低自己的产品在市场上的竞争力。

生产者约束条件的改变，会促使流通体系发生改变。由于产品的利润总额被生产者确定下来了，生产者又是利润的分配者，各个中间环节不再享有"加价"售卖的定价权，那么流通领域不同的流通模式、不同的流通组织、不同的个人将围绕商品的销售权展开竞争，而压低流通成本是唯一取胜之道。在竞争过程中，利用互联网技术来创造新的流通商业模式（如快递业的发展）、优化流通体系结构（如减少委托代理环节、裁减门店数量等）将是一直会发生的事情。

以网店和实体店为例，电子商务的发展使网店如雨后春笋般地开设，已经对实体店形成强烈的冲击。现在图书、服装、电子产品、食品等普通商品已经大量通过互联网流通，即使蔬菜、生鲜等易腐烂变质的产品，在一定地理范围内，也能够通过网购实现从田间地头到餐桌。网购已经成为越来越多人的生活方式，逛商场、专卖店的人越来越少，甚至连吃饭也要快递送上门。于是，各类商场冷冷清清，临街的实体店陆续关门，这种情况在北京、上海、广州这样的大城市更为普遍和严重，主要是因为大城市地租高。高租金的商场和店铺与几无成本的网店竞争，结果可想而知。过去坊间有"一铺养三代"之说。商铺的利润确实可以养家糊口、增加就业，但从消极的角度看，商品流通的成本太高了。

生产者之间的竞争、流通者之间的竞争都因互联网而不断强化，尽可能地减少中间环节、尽可能地降低产品价格是占领市场的取胜之道。中间环节减少了，不仅就业总量会相对减少，就业结构也会改变，人们从制造业中走出来，进入第三产业。那么第三产业能够容纳第一、第二产业走出来的劳动力吗？这就需要从就业对收入分配的影响说起，如果全社会的购买力因就业变化而不断萎缩，社会收入日益两极分化，就业前景就不容乐观。这正是后文要着力探讨的问题。

大森林里的生态链

有一座大森林，经过若干年的进化和斗争，已经实现了生态平衡。各生态链上的物种数量大致稳定，虽然每天都上演着"物竞天择、弱肉强食"的惨剧，但生态平衡的大格局不会被打破。

某一天，森林里闯入比百兽之王更厉害的物种，打破了原有的均衡，森林里的生态结构将进行调整，调整的幅度取决于新物种的胃口和繁衍速度，以及其他物种的应变能力。

如果新物种是食肉动物，繁衍速度慢，且只捕捉像老虎这样的大型动物，因为新物种嫌捕捉老鼠、兔子之类的小动物太麻烦（动物之间也有专业化的分工，如由于体型、灵巧度的差异，猫捉老鼠就比老虎捉老鼠更有比较优势。即使新物种像猫一样灵巧，它也不会去捉老鼠，因为在投入的体力和时间相等的情况下，老虎能够提供的肉量百倍于老鼠，换言之，捕捉小动物的机会成本太高），那么，经过一段时间，森林生态还能够重新平衡，但物种的结构必是经历了大的调整。因为新物种对老虎的不断捕猎，老虎的数量会减少，但也不太可能灭绝，因为在生存的压力下，老虎可能会进化出应变的本领，降低新物种捕食的成功率，从而为种群的繁殖补充赢得时间。如果新物种只捕猎老虎，那么新物种的规模就由老虎的应变能力来决定，老虎的规模也随之确定。

事情还没有结束。如果老虎的直接食物来源是狼，那么随着老虎数量的减少，狼群受到的生存威胁下降，狼群繁殖的外部环境改善，狼群的规模将会增长。即使随着老虎数量的减少，新物种捕食狼的机会成本降低，从而加大对狼的捕猎力度，同时放松对老虎的捕猎，老虎的规模随之会有一定程度的恢复增长，从而增加对狼的捕猎，但毕竟新物种捕捉狼的专业技能要低于老虎，老虎恢复增长的规模也有限，故而狼的数量还是不可避免地增长。而且，狼的规模增加了，也会增加老虎捕狼的成功率，进而促进老虎规模的增长。新物种、老虎与狼之间最终能达到一个平衡点。狼的规模增加了，紧接狼之后的动物数量就会减少，再之后的动物数量就会增加，如此此消彼长，直至食物链末端。在调整的过程中，几家欢喜几家愁，尘埃落定之后，格局已是"十年河东，十年河西"。这也是由森林资源环境承载能力决定的。森林每年能够提供的能量是一定的，新物种加入之后的动物界也要受能量守恒定律的约束，能量总量不变，结构就要进行相应的调整，但生态链不会断裂。

以上是一种逻辑，还有另外一种逻辑。面对新物种的捕猎，除了进化出应对新物种的技能外，老虎为了维持族群的繁荣，需要加快繁殖，这就需要更多的能量，因此，老虎将加大对狼的捕猎力度。狼也为了族群的利益，加大对下一级动物的捕猎力度。这种压力会在食物链中传递，直到末端。如果末端的小型草食动物不能进化出新的自我保护的本领，又不能加快繁殖速度，那么它们就有灭绝的危险。这种危机会由食物链的下游向上游传导，最终整个食物链陷入枯竭。除非新物种能够进化出食草的本领，否则也难逃灭绝的命运。

假定食物链的最末端是食草的兔子，森林植被能够供1000只兔子食用。在新物种到来之前，整个食物链的格局是10只老虎、50只狼、100只狗和1000只兔子。新物种到来之后，如果新物种一年要吃掉10只老虎，而每只老虎的生长需要100只兔子作为食物链末端的原材料，那么，若要维持规模不变，虎群每年至少需要多出生10只老虎，相应地，兔群每年也要多出生1000只兔子。食物链唯一改变的是多了一层利益分食者，森林资源环境的承载压力将会加大。生态链随时面临断裂的危险。

以上仍然是比较乐观的结果。尽管生态链最终会毁坏，但它需要较长的时间，而且动物界也有时间来调整生态结构，甚至坐下来谈判，确定各族群最优的规模。总之，这样那样的原因，使得森林里的生态链最终解体需要很长的时间。

但如果新物种不仅食肉，而且食草，繁殖速度奇快，技能超群，大小动物通吃，最近的食物链已经不能满足其规模扩张的需要，而且它不再需要通过食物链来获取营养，那么其他动物的存在就变得多余。新物种会由于其他动物要消耗大量自然资源而大量捕猎之，捕猎速度之快令各种动物来不及进化出应变的本领。新物种不断拆除生态链条，这样用不了多久，整个森林就只剩下新物种了。

这才是大森林里最悲惨的事情。森林里因为生态链的存在才保证了物种的多样性，每一级物种都因对上一级物种有用而存在。但如果森林里进化出了全能的物种，其他物种都变得多余，那么生物的多样性就会消失。

大森林里的动物们应祈求这样的新物种不会出现，但世界无常，怎么会以它们的意志为转移呢？

第二节　技术进步对就业总量的影响

一　技术进步就业效应的理论分析

就技术进步与劳动的关系而言，资本偏向型技术进步整体上排斥劳动，而技能偏向型技术进步将劳动者细分，它需要的劳动者技能层次越来越高，同时排斥普通劳动者。

历史上，技术进步对就业的影响，不同阶段有不同的表现，从而形成不同的认识。总结起来，以往的研究形成两种观点：一种观点认为技术进步具有"替代效应"，即技术进步会将部分劳动力挤出市场；另一种观点认为技术进步具有"补偿效应"，即技术进步在减少旧的工作岗位的同时会创造出新的工作岗位，不一定会造成失业。

（一）马克思政治经济学对技术进步与就业关系的论述

人们通常认为马克思政治学在阐述机器如何一步步替代工人时，论证了资本的积累和贫困的积累之间的矛盾，并提出最终须以阶级革命的方式来解决。的确，在马克思那里，机器对劳动的排斥是总的、长期的趋势，但马克思并不否认在特定时间、特定空间里机器对劳动的促进作用。也就是说，技术进步对就业的"替代效应"是总的长期的趋势，但在特定时间、特定空间里技术进步对就业也存在"补偿效应"。

1. 技术进步的就业"替代效应"

马克思认为技术进步会提高生产力。生产力提高，意味着等量可变资本（劳动力）推动更多的不变资本（生产资料），或者等量不变资本所需要的可变资本相对减少，这会加快资本的积累速度。资本规模越大，厂商越有能力采用先进的机器设备，提高资本技术构成，这又会进一步提高生产力，加速资本积累，扩大先进机器设备的使用规模，提高资本技术构成，由此进入一个不断提高资本技术构成的累积型循环。因此，"资本主义生产方式越是发展，要使用同量劳动力，就需要越来越大的资本量；如果要使用更多的劳动力，那就更是如此。因此，在资本主义的基础上，劳动生产力的提高必然会产生永久性的表面上的工人人口过剩"①。

生产力越发达，资本积累的规模越大，资本吸纳就业的能力却不断弱化。"对劳动的需求，不是由总资本的大小决定的，而是由总资本可变组成部分的大小决定的，所以它随着总资本的增长而递减，而不像以前假定的那样，随着总资本的增长而按比例增加。对劳动的需求，同总资本量相比相对地减少，并且随着总资本量的增长以递增的速度减少。"②如果考虑用计提的资本折旧更新老旧的生产设备，等量资本在以新换旧之后，资本技术构成也会提高，如果仍想雇佣规模不变的劳动力，则要求总资本比之前有更大规模的增长，否则部分工人可能会失业。

2. 技术进步的就业"补偿效应"

马克思对技术进步促进就业的论述，源于三个基本判断：一是

---

① 马克思：《资本论》（第三卷），人民出版社，2004，第248页。
② 马克思：《资本论》（第一卷），人民出版社，2004，第725~726页。

市场空间越来越大，生产规模越来越大；二是社会分工越来越细，产业链条越来越长（生产的中间环节增多），生产系统越来越复杂；三是生产力越发展，对新的商品和服务的需求越强烈。

具体而言，马克思从以下五个方面论述了技术进步对就业的积极作用。

（1）部门之间生产力发展不同步

技术进步总是从一个企业、行业、产业开始，然后向其他企业、行业、产业传导。由于社会生产的分工越来越细，有很多企业、行业处于产业链的中间环节，生产资本品。如果某一企业、行业率先创造或引进先进的生产技术和设备，劳动生产率大幅度提高，所生产的中间产品的规模扩大，会引起两种后果：其一，对于下游厂商而言，由于上游产品供给规模加大（同时可能伴随价格下降），在原有技术条件下，为了扩大生产规模以获取更大的利润，就会雇佣更多的工人；其二，对于上游厂商而言，由于下游厂商生产能力扩大，对自己的原材料（或中间产品）的需求规模上升（同时可能伴随价格上涨），为了扩大生产规模以获取更大的利润，也会雇佣更多的工人。所以，马克思说："如果机器占领了某一劳动对象在取得最终形式前所必须经过的初期阶段或中间阶段，那么，在这种机器制品进入的那些仍保持手工业或工场手工业生产方式的部门中，对劳动的需求就随着劳动材料的增加而增加。"[1]

上述分析有两个前提：一是社会生产供给能力不足，二是技术进步的传导速度慢。

如果社会生产能力供过于求，且终端产品价格因技术进步而下降引起的消费规模的增长小于终端产品供给规模的增长，技术进步只会进一步增加过剩产能。这在信用发达的今天经常发生，潜藏着巨大的经济和金融风险。

---

[1]　马克思：《资本论》（第三卷），人民出版社，2004，第511页。

如果技术进步的传导速度快，特别是像今天由于互联网、工业自动化、人工智能等技术的发展，只要市场需求足够大，生产链条上任一个环节资本技术构成的提高，在资本和技术的支持下，其他生产环节都会在很短的时间内将各自的资本技术构成提高到能够匹配的程度。照这种发展趋势，就业的绝对量不会增加反而会减少。当然，厂商在决定是增加机器（资本）还是增加人工时会比较二者的边际成本，但随着人工成本越来越高，机器的性价比越来越高，厂商会更加青睐机器。

（2）社会生产系统越来越复杂

首先，技术进步通过不断解放各个领域的生产力来增加就业。生产力的提高使得从事生产的人们对自己不生产的物品有了越来越多的需求，就像农业的发展使农民有更多余粮去交换工业品一样。由于各种商品需求种类的增加、规模的扩大，通过市场交易的发展，社会分工得到了发展，生产的专业化程度不断加深。以前在同一家工厂内部完成的各个生产环节，逐渐变为一个个部门和行业，这些部门和行业之间或者是产业链上下游的关系，或者是平行的协作关系。社会分工越细，生产链条上的环节越多，就业总量就越大。

其次，技术进步能够通过提高生产力来提高原材料和资本品的供给规模，从而为原材料和资本品更多使用途径的开发奠定物质基础，每一种新的使用途径都不能发展出一个生产部门或者衍生出一个生产体系，就业由此增加。以粮食为例，当粮食产量仅能自给自足时，围绕粮食仅能发展出手工磨坊。但当粮食大量剩余时，粮食可以用于酿酒，酿酒业就发展起来了；可以用于榨油，如玉米油、豆油等，食用油加工业就发展起来了；可以用于养殖，如喂猪、喂鸡等，饲料加工业和养殖业就发展起来了；也可以用于制作各种食品，食品加工业就发展起来了。马克思说："机器生产用相对少的工人人数所提供的原料、半成品、劳动工具等等的数量不断增加，与此相适应，对这些原料和半成品的加工也就分成无数的部门，因而社会生产部门的多样性也就增加。机器生产同工场手工业相比使社会分工获得无比广阔的发展，因为它使它所占领的行业的生产力得到无比巨大的增长。"①

不仅如此，技术进步还会通过创造新的市场需求来增加就业。就像苹果手机的出现，开启了移动互联网时代，全世界对智能手机这一新生事物产生了强烈的需求。从智能手机终端开始，上溯至组装、零部件加工、生产零部件的机器设备制造、各种原材料生产等，智能手机带动了一个产业链的发展，也间接增加了各个环节的就业。不仅如此，智能手机的生产还会带动交通运输、仓储、物流、电子商务、金融服务等行业的发展，这都有利于增进就业。理论上，技术进步从源头上能为自然资源的利用开辟无限的可能性。自然资源每一种新的利用方式的产生，都会开辟新的就业空间，而且就业数量会通过产业链各个环节而成倍地放大。

上述推论似乎合情合理。但有两个问题值得思考。

第一个问题：产业链会不会断裂？产业链的加长以及分工细化，都是在为最终的消费品生产做准备。只有当最终的消费品实现了"惊险的一跃"，即能够顺利地销售出去，产业链环节的加长和分工的细化才有价值和意义。否则，最终消费品卖不出去，消费品的生产者首先被"摔坏"，接着出现"多米诺骨牌"效应，各个环节的就业都将遭到破坏。

第二个问题：人们能够消费得了他们生产的物品吗？经济学上有个著名的"欧拉定理"，也称"产品分配净尽定理"，即资本和劳动要素的所有者能够将社会产品分配干净。其前提是劳动和资本都按各自的边际生产力获得收入。然而，这样的情形只存在于理论当中。在现实当中，劳动收入份额相对于资本收入份额呈下降的趋势，

----

① 马克思：《资本论》（第三卷），人民出版社，2004，第512页。

于是社会总产品当中将有一部分过剩，导致经济进入累积向下的循环，不得不通过一次又一次的经济危机来强制性地调整。

（3）世界市场的开拓

技术进步提供的生产能力会超过一国或一地区的市场容纳限度，若不能开辟国外市场，供过于求的矛盾很容易引发经济危机。而世界市场的开拓，不仅能够消化本国、本地区过剩的生产能力，而且可以将国外丰富而廉价的原材料、资本品等纳入本国、本地区的生产系统，为全世界进行生产。由于市场规模的扩大，在技术条件不变的情况下，本国、本地区的就业量就会增加。马克思说："大工业造成的新的世界市场关系也引起产品的精致和多样化。不仅有更多的外国消费品同本国的产品相交换，而且还有更多的外国原料、材料、半成品等作为生产资料进入本国工业。随着这种世界市场关系的发展，运输业对劳动的需求增加了，而且运输业又分成许多新的下属部门。"[①]

世界市场的开拓，使一国、一地区能够把技术进步与就业的矛盾向国外转移。短期内，通过国际贸易和分工，工业品输出国和原材料输出国都通过发挥比较优势获益，由于双方的市场都扩大了，双方的就业都会增加。但长期来看，如果工业品输出国家通过控制技术输出、主导国际金融体系大量"剪取"原材料输出国的经济利益，国际经济金融不平衡的矛盾会加深，世界市场中总的有效需求能力会逐步弱化。矛盾积累到一定程度时会集中爆发，导致全球性生产过剩、贸易萎缩、信用缩水。此时，就业会遭受沉重的打击。

举例而言，美国金融体系发达，且美元是世界货币，假如全体美国人都从事金融业，通过印刷美元为全世界的商品和服务的生产和流通提供信用，除美国之外，其他国家都从事商品生产和服务提

---

① 马克思：《资本论》（第三卷），人民出版社，2004，第 512 页。

供，则这些国家除了彼此交换商品和服务外，还要向美国提供商品和服务，以换取美元，否则缺少了美元这种世界货币，其他国家的商品和服务都不能流通。各国的就业都在增长。但随着其他各国手里的美元越来越多，美国欠下的债务就越多，各国不能兑付成商品和服务的货币规模就越大，国内的通货膨胀就越严重，国内收入分配差距就越大，国内总需求规模相对就越小，为保持国内就业市场稳定，就越依赖向美国输出过剩生产能力。当然，只要美元信用体系不崩溃，不断增发美元，各国就可以自欺欺人地为美国生产商品和服务，就业也会暂时得到稳定。

然而，这样的逻辑不可能一直持续下去。一方面，美国的市场容量总是有限的，而世界生产能力却在持续扩大，二者之间的矛盾迟早会爆发，其他各国会相继爆发经济危机。另一方面，总有国家站出来戳穿美国的"皇帝新衣"，要求撇开美元而建立新的公正合理的国际经济金融秩序，导致美元体系崩溃。由于骤然缺少了美国这样一个巨大的市场，很多国家的"商品生产者会被摔坏"，就业下降；而美国由于失去了美元主导地位，美国人也将失业。

上述例子意在说明，由于国际经济金融秩序不合理，国与国之间的贫富差距会拉大，国际生产体系的复杂性和国际信用体系的发达，又会暂时掩盖一国、一地区的生产过剩与有效需求不足的矛盾，但这种矛盾迟早会以经济危机或金融危机的形式爆发，将"虚增的就业"打回原形。

（4）资本密集型新兴产业的发展

技术进步使原材料、资本品、生活品的种类增加和规模扩大，使社会生产部门的种类增多，为资本密集型新兴产业的发展奠定了强大的物质基础和技术基础。与此同时，资本以更快的速度积累，金融寡头、国家资本等大资本开始形成，为资本密集型新兴产业的发展准备好了充裕的资金。于是，人们开始摆脱资本周转期的束缚，可以从事资金需求规模大、利润回收期长的投资，如运河（典型如苏伊士运河）和大型码头、铁路、公路、机场等基础设施的建设，以及飞机、轮船等大型运输工具的研发和建造。这些项目的建设和使用过程中都会增加就业。正如马克思所言，"在工人人数相对减少的情况下生产资料和生活资料的增加，使那些生产在较远的将来才能收效的产品（如运河、船坞、隧道、桥梁等等）的工业部门中的劳动扩大了。一些全新的生产部门，从而一些新的劳动领域，或者直接在机器体系的基础上，或者在与机器体系相适应的一般工业变革的基础上形成起来"①。

之所以能够如此，是因为在这些项目的建设期间，庞大的资本可以满足购买资本品、劳务、技术的需要。而且，由于终端消费品极大丰富，获得收入的资本品的生产者及其员工可以在市场上购买所需的生活资料。也就是说，社会物质产品的丰富增加了全社会的真实信用额度，使之可以支撑耗时耗力的长期建设项目，而不需要这些建设项目即时提供可供交换的商品或服务。

不仅如此，人们还可以投资那些充满不确定性的项目。像载人航天这样大型的国家工程，牵涉的研究部门、生产部门之广和人数之多是前所未有的。也许这项工程的深远意义人们还无从理解，计划能否成功也是未知数，更别说能够提供可即时交换的商品和服务。但技术进步能够为人类的这种冒险行为提供物质、技术和人员支持，许多就业因之而产生。尽管有些人们为之奋斗的事业最终失败了，或者结果证明这些事业对人类的意义和商业价值不大，对全社会经济资源是一种浪费，大量的人力、物力投入没有获得应有的价值回报，由之带动的就业归于"无效就业"，但最终结果可能只是资本所有者破产，政府投资打水漂（但政府一般不会破产，而是将损失转

---

① 马克思：《资本论》（第三卷），人民出版社，2004，第512～513页。

嫁到纳税人身上），却不妨碍参与其中的劳动者获得收入。①

资本密集型行业提供的资本品能否最终收回成本、获得利润，取决于它们为之服务的消费品的生产和流通是否顺畅。如果由于全球或一国、一地区的商品和服务的需求规模下降，运河、码头、铁路、公路、机场等基础设施以及飞机、轮船等大型运输工具这些资本品的使用效率下降，那么，这些资产能够提供的现金流将会减少，表现在财务上的"价格"将打折扣，使用效率越低，价格就越低，甚至成为难以收回成本的"坏资产"。尤其是在资本的杠杆率越来越高的今天，规模巨大的"坏资产"将引起金融和经济的连锁反应，引发破坏性极大的经济危机，从而伤害就业。

（5）非生产性行业的发展

技术进步促进了生产力发展，推动着就业重心随时间推移在第一、第二、第三产业间梯次转移，这已经被很多国家的产业发展所证明。"大工业领域内生产力的极度提高，以及随之而来的所有其他生产部门对劳动力的剥削在内涵和外延两方面的加强，使工人阶级中越来越大的部分有可能被用于非生产劳动，特别是使旧式家庭奴隶在'仆役阶级'（如仆人、使女、侍从等等）的名称下越来越大规模地被再生产出来。"② 这意味着，随着农业和工业劳动生产力的提高，它们容纳就业的能力会相对降低，农业和工业领域的过剩劳动力及新增劳动力将转移到以服务业为主的第三产业。

---

① 随着生产系统渐趋复杂、信用规模逐渐扩大以及人类越来越有能力冒险，社会生产中有多少投资将在未来被证明是无效的，确实无法估计。但我们可以分析其产生的经济后果：如果大资本是资本家自身通过积累或资本集中形成的，那么尽管他投资失败了，其资本却以地租、工资、企业利润的方式被土地所有者、劳动者和其他企业家分享，一些人的损失是另外一些人的所得，资本的所有权易手，但资本量不变，若平均的资本技术构成不变，则就业规模大体维持不变。但如果大资本是通过透支未来的信用而形成的，由于投资失败导致未来的信用无法偿还，当期的每个人都拿到了"白条"，未来的负债作贴现之后，当期的总资本量会减少，相应地，能够容纳的实际就业量减少，如此一来，社会上会有一部分就业是"虚"的，所对应的劳动者将来也会被挤出劳动力市场。

② 马克思：《资本论》（第三卷），人民出版社，2004，第513页。

农业和工业中的劳动者都是商品生产的参与者，他们之间是平等的商品交换关系。而服务业中的劳动者并不生产商品，他们与农业和工业劳动者的关系是平等的商品与劳务的交换关系，他们通过解决"生产以外的事情"来获取商品的使用价值。农业和工业越发展，对生产性服务和生活性服务的需求越多，在资本技术构成不变的情况下，服务业就业的规模也越大。

但以上推论有个前提，即农业和工业中的收入分配结构稳定，劳动相对于资本的收入份额上升，劳动者内部的收入差距缩小。否则，如果技术进步整体上对劳动收入份额形成挤压，且扩大少数技能劳动者与多数普通劳动者之间的收入差距，以及使农业和工业雇佣相对越来越少的劳动者，那么，随着农业和工业中劳动者收入的下降，他们对生活性服务业的需求是下降的，生活性服务业提供就业岗位的能力也会下降。试想，如果第二产业工人收入拮据，减少外出就餐、旅游等各种生活文娱消费，那么相关行业又将为谁提供服务呢？对于生产性服务业，技术进步将直接缩减其提供的就业岗位数量。

（二）西方经济学对技术进步与就业关系的论述

阐释"替代效应"的西方经济学理论当推熊彼特的"创新"理论。熊彼特认为包括技术进步在内的创新过程实际上是一个创造性破坏的过程，会造成企业倒闭和失业增加。该理论与马克思资本有机构成理论的区别在于：马克思认为机器替代劳动力是长期趋势，因为他预言资本技术构成和资本有机构成将不断提高；而熊彼特认为劳动者失业是周期性的，因为技术进步带来的创新将引发经济周期，劳动者会经历萧条、复苏、繁荣、衰退四个阶段，理论上部分失业者可以在经济复苏和繁荣阶段找到工作，前提是劳动者具有适应劳动力市场需求变化的能力。比较马克思和熊彼特的理论，马克思将技术进步引入哲学范畴，将其看成是生产力的发展和物质世界最本真的力量，而生产力的发展将把人们从繁重的物质生产劳动中解放出来；熊彼特将技术进步引入经济范畴，认为技术进步会破坏原有的生产过程和经济秩序，会造成暂时、局部的失业。马克思看到了技术进步背后资本统治力的增强，以及劳动力更大规模、更高层次同质化的趋势，它会改变收入分配结构；而熊彼特显然忽视了技术进步会整体上排挤劳动力和使市场收敛，会引起有效就业需求不足，最终影响就业。

西方经济学当中，"补偿效应"的支持者通常认为：技术进步能够通过创造新的产业和新的服务领域来创造就业机会，因为在这个过程中出现的机器生产、操作、维护和产品销售、售后服务等都会增加对劳动力的需求；技术进步也能够通过扩大生产规模来增加就业岗位①。D. J. 罗伯逊还乐观地认为，如果技术进步引起的社会产出的增速大于人口的增速，人们的实际收入会增加。这将降低收入的边际效用，相应提高闲暇的边际效用，于是人们会将时间更多地向"闲暇"配置，从而缩短工作时间，增加本行业的就业岗位，消费"闲暇"也会增加服务业就业人数。② 但 Douglas Jones 认为技术进步的"补偿效应"只能在一定程度上缓解失业问题，长期来看仍会增加失业。③

以上支持技术进步促进就业的观点忽略了两点：第一，技术进

---

① 这里有一个假设，即人能够灵活地变换工作岗位。正如新制度经济学所讲，由于某些资产有专用属性，需要以企业的方式去使用它，而不能通过市场交易来获得。人也有专用属性。每个人由于成长经历、知识结构、身体条件、环境机遇等因素而从事一份工作。如果被迫转换工作，不仅会经历一个很痛苦的过程，而且成功与否也充满不确定性。具体文献可参阅：Pissarides C. A. , *Equilibrium Unemployment Theory*, Basil Blackwell, 1990; Stoneman, *The Economic Analysis of Technological Change*, Oxford University Press, 1983; Paolo Pini, "Technical Change and Labor Displacement: Some Comments on Recent Models of Technological Unemployment", *Economics of Structural and Technological Change*, 1997（4）.

② 转引自罗润东《当代技术进步对劳动力就业的影响》，《经济社会体制比较》2006 年第 4 期，第 65 页。

③ Douglas Jones, "Technological Change, Demand and Employment", *Employment Consequence of Technological Change*, Derek L. , Bosworth（ed. ）, The Macmillan Press Ltd. , 1983.

步的溢出效应及扩散效应使得技术进步是全行业的，全行业的资本技术构成都会提高，组织和流程也会不断再造和优化。新产业吸纳劳动力的规模很可能会小于旧产业释放劳动力的规模。第二，罗伯逊的理论是建立在收入分配结构稳定甚至差距缩小的基础上的，但市场经济有扩大初次收入分配差距的趋势，大多数低收入者的实际收入份额有下降的趋势，故而对提高消费需求、增加就业的作用有限。

由于"替代效应"和"补偿效应"同时存在，技术进步对就业总量的影响就不是单纯的理论分析所能回答的，它成为一个实践命题。

在第三次技术革命之前，尽管技术进步在不断发生，劳动生产率在不断提高，但几乎没有一个国家长期处于高失业率的状态。这是因为技术的应用离不开人的参与，而技术进步总能制造新的需求，创造新的就业岗位；全球化又使一国之过剩产能可以寻找国外销售市场，再加上全球信用扩张带来的"超前消费"，使不断扩张的商品和服务能够顺利销售出去，经济循环得以继续。

但上述状况会在第三次技术革命后继续吗？

我们可以通过对两种趋势的把握来预测"替代效应"和"补偿效应"的强弱：一种是技术进步的速度。技术进步的速度越快，生产的自动化、智能化水平越高，对组织和流程的再造影响越大，会导致越来越多的人难以适应并作出调整，其对就业的"替代效应"越强。另一种是市场增长的速度。市场规模扩张的速度越快，技术进步的"补偿效应"越强。

二　对技术进步就业效应两种影响因素的分析

上文提到技术进步的速度和市场增长的速度决定了"替代效应"和"补偿效应"孰大孰小，因此有必要对这两种因素本身的变化趋势进行分析。

（一）技术进步的速度

关于技术进步的速度，库茨维尔定理和技术奇点理论认为它会按指数增长。尽管我们无法确切测量技术进步的速度，但从日常生活中不难发现，技术进步越来越快了：生产的自动化水平越来越高，工业机器人、人工智能越来越广泛地使用，服务业组织和流程再造与优化的规模越来越大、速度越来越快，产品升级换代、服务方式改变所需的时间越来越短，产品和服务价格的衰减频率越来越高、幅度越来越大。现今世界，只要你有好的创意，完备的工业生产流通体系使从创意到产品再到市场的时间越来越短。当前工业机器人、人工智能、信息计算、互联网、物联网等多种技术正在快速融合发展，将会极大地改变生产、服务的体系和结构，对劳动的替代速度将加快。如果说工业机器人只是替代以体力劳动为主的"蓝领"劳动者的话，那么"人工智能"＋"＋互联网"或"人工智能"＋"互联网＋"将越来越多地替代以脑力劳动为主的"白领"劳动者，智能机器人能够进行新闻写作这一事实已经对脑力劳动者敲响警钟。

不难想象，某一行业或产业技术进步的速度越快，则要求劳动者适应技术变化的能力越强，能够适应这种变化的劳动者毕竟是少数，多数劳动者将会被挤出这一行业或产业。如果所有行业或产业技术进步速度同时加快，多数劳动者将会被挤出劳动力市场。可以设想，未来某一天，无人工厂林立，自动化生产线遍布，甚至机器人能够生产和维修机器人，无人驾驶和无人机能够输送商品[①]，生产和销售的各个环节只需要为数很少的"精英"输入指令，技术进步

---

① 5G 时代到来之后，将实现万物互联，随着信息传输速度的提升和克服延时方面的技术的突破，无人驾驶的反应速度要超过人的反应速度，将比人工驾驶更安全。届时，交通运输业的很多从业者将面临失业的风险。而无论是在国内还是在国外，交通运输业都是吸纳就业的主要行业。

对就业的替代是完全彻底的。当然，这样的设想距离实现或许还很遥远，或许在它能够实现之前人类可能出于维护自身利益、社会秩序、伦理道德等方面的考虑而人为地中止技术进步。但做这样极端的设想，可以让我们更清楚地认识技术进步的趋势及其对就业的影响。

（二）市场增长的速度

1. 市场增长速度为什么重要

讨论技术进步对就业的影响，为什么要关注市场增长的速度呢？

在市场经济中，技术进步的作用在"供给侧"，它能够提高社会生产率，增加商品和服务供给的数量、种类，提升商品和服务的品质。然而，"供给侧"潜能的释放需要"需求侧"的配合，需要终端消费市场具备消化这些商品和服务的购买力。如果社会需求的增长速度落后于社会生产能力的扩张速度，大量商品无法销售，无论是既有行业产业的规模扩张，还是科技进步所创造的新的行业产业的发育成长，都会受到抑制，进而对就业产生不利影响。这是宏观经济学对经济周期起因的通常表述。

然而，不幸的是，自工业革命以来，社会需求的增长速度一直落后于社会生产能力的扩张速度，经济周期屡屡破坏正常的社会经济秩序。20 世纪 30 年代那场惨烈的美国经济危机表明，供给自动创造需求、市场自动实现均衡的萨伊神话破灭了，凯恩斯随即提出社会需求不足是导致危机的根本原因。凯恩斯用三大心理规律（边际消费倾向递减规律、资本边际效率递减规律和流动性偏好规律）来解释为什么社会需求会不足。归结起来，三大心理规律与心理预期有关：企业预期不好不会增加投资，个人预期不好不仅不会增加消费，反而会增加储蓄。如果再深究一步，预期又与社会收入分配状况有关：就资本与劳动而言，如果资本获取的收入越来越多，劳动获得的收入越来越少，社会消费能力就会越来越弱；就劳动收入内部分配结构而言，如果收入差距两极分化的程度不断加深，少数高收入者获得的收入份额越来越大，广大中低收入者获得的收入份额越来越少，由于高收入者的边际消费倾向小而中低收入者的边际消费倾向大，也会导致社会消费能力越来越弱。不仅如此，由于广大中低收入者经济地位不断下降，对未来的经济预期越来越低、越来越不稳定，他们会进一步减少当期的消费意愿。终端市场消费能力和意愿下降，社会产品过剩，各行各业、生产链条各个环节的企业立足当前对未来所作的预期也会下降，增加投资的意愿随之降低。

综上，社会收入分配结构越失衡，社会消费能力越弱，市场增长的速度越慢，不仅对现有产品和服务的消费能力减弱，而且对新产品和服务的需求同样不足，社会生产能力越发显得过剩，社会投资意愿就越低，社会就业越不稳定，失业人数就越多。① 再加上技术进步对就业的冲击，技术进步的"替代效应"越来越强，而其"补偿效应"越来越弱，原有就业机会的减少和新就业机会的产生之间的空当将越来越大。

2. 全球市场竞争在加剧

从 20 世纪 80 年代至今，全球商品贸易一直不景气，成为拖累世界经济增长的重要因素之一。因此，各国普遍将提升商品和服务出口竞争力作为克服国内总需求不足、刺激经济增长的重要手段。然而，事与愿违，各国越是这样做，全球贸易增速越是持续走低。这就印证了一个道理——"个体理性导致集体非理性"，也称"合成谬

---

① 其实，技术进步和市场需求能力是相互作用的。技术进步能够创造新的市场需求，但要以社会有效需求能力充分为前提。若社会收入分配日益失衡导致社会有效需求能力弱化，新的产品和服务只能被少数高收入者使用，且由于这些人的消费能力是有限的（如一个人再怎么富有，"日食不过三餐，夜眠仅需六尺"），因此新的产品和服务供给的规模不会很大，能够容纳的就业有限；而且，技术进步创造新的产业需要一定规模的市场需求支撑，若市场需求规模不足，技术进步很可能不会产生产业创造，即使勉强进入生产过程，也很难逃脱失败的命运。

误"（fallacy of composition）：每个国家都想获得贸易盈余，但这是不可能的，总有些国家成为净商品和服务输出者，剩下的国家必将成为净商品和服务输入者。于是各国为了争取成为前一类国家，在质量相同或相近的情况，比拼成本和价格，基本手段是提高劳动生产率，导致整个世界陷入"底线竞争"（race to the bottom），这反过来会不断削弱世界总需求规模。

由于技术进步以及技术进步的全球扩散，世界各国的劳动生产率都在增长，且水平逐渐接近（见图 2 - 1）。1970 年，法国、德国、日本、英国、美国的劳动生产率分别为 37、39.6、31.2、41.1 和 50.2，但到 2015 年，分别增长到 104.3、104.7、104.8、101.4 和 101.6，均增长 1 倍以上。从 2000 年到 2015 年，OECD 国家整体劳动生产率由 86.7 增长到 104.2，增幅超过 20%。

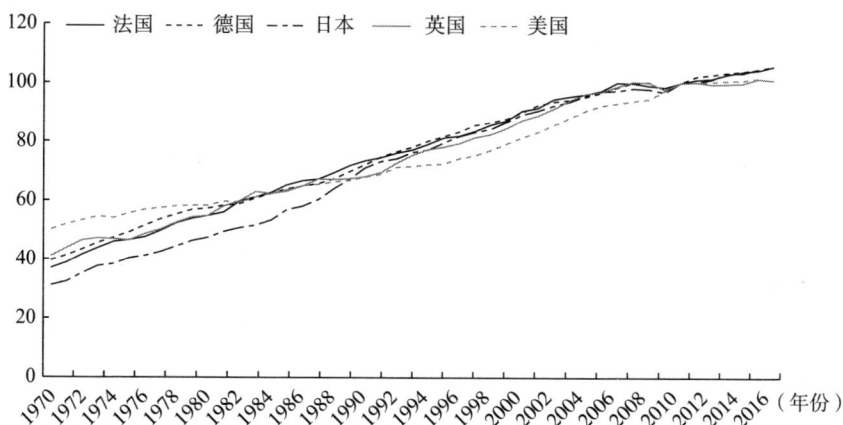

图 2 - 1　世界主要国家劳动生产率变化情况（1970 ~ 2016 年）
资料来源：根据 OECD 统计网站提供的数据计算。

劳动生产率的提高意味着全球生产能力的提升，而面对相对有限的全球消费市场，供需矛盾由供给不足向供给过剩转变。

为争夺市场份额，世界已经开始争吵。

例如，德国自 21 世纪初以来，商品和服务贸易净出口额持续增长，由 2000 年的 137.27 亿美元增长到 2016 年的 2496.24 亿美元。

2008 年次贷危机以来，只经历短暂的下跌，随即又恢复增长。而在此期间欧元区不少国家持续出现贸易赤字，如法国、希腊、葡萄牙等国。从图 2 - 2 不难看出，德国的对外贸易走势与欧元区和欧盟保持一致，说明德国在欧盟与欧元区具有举足轻重的经济地位。

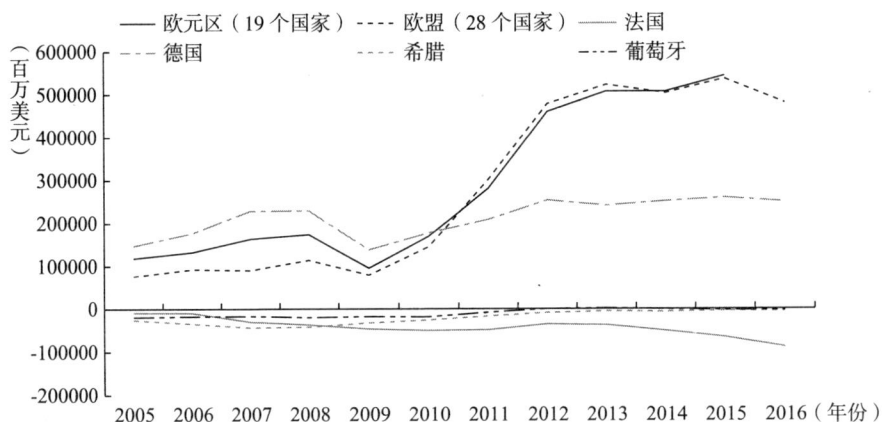

图 2 - 2 欧元区部分国家商品和服务净出口情况（2005 ~ 2016 年）

资料来源：根据 OECD 统计网站提供的数据计算。

计算 2005 ~ 2015 年德国商品和服务净出口额分别占欧元区和欧盟的比重，发现在 2010 年之前二者都超过 100%（见图 2 - 3），原因在于计算欧盟商品和服务净出口时，欧盟国家内部之间的相互出口是不计算的。这就意味着德国商品和服务出口的一部分在欧盟国家内部消化了。2007 年和 2008 年，这一比值还相当大，分别为 2.5 和 2，意味着欧盟内部消化的德国商品和服务出口额是欧盟外部国家消化的 1.5 倍和 1 倍。德国商品和服务不仅冲击国际市场，更对欧盟内部市场产生强烈冲击。尽管 2010 年之后，这一比例低于 100%，但基本维持在 50% 左右，意味着欧盟商品和服务净出口的一半是德国贡献的（受数据限制，这里无法计算德国对欧盟其他国家的净出口规模）。德国商品和服务的竞争力可见一斑。

于是一些国家和国际组织开始批评德国的对外贸易政策。

美国财政部在 2013 年发布的半年度汇率报告中指责德国，认为

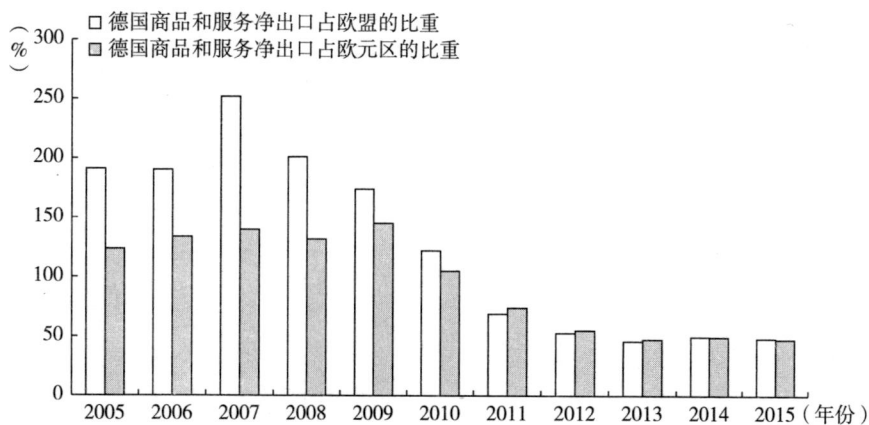

图 2 - 3　德国商品和服务净出口在欧元区和欧盟的地位

资料来源：根据 OECD 统计网站提供的数据计算。

金融危机期间德国保持的大规模经常账户盈余，阻碍了欧元区其他国家财政平衡，并"使欧元区和全球经济陷入通缩趋势"。IMF 的官员也敦促德国政府将经济账户盈余降至合适的比率，否则欧元区巨额赤字削减"是不可能实现的"①。这是在将德国出口与欧洲经济失衡关联起来。德国对此予以否认，认为经常账户盈余是德国竞争力强的表现和世界对德国品质的信任。

3. 全球市场增长在收敛

各国都在拼命扩大国际市场份额，但总有部分国家是净出口，部分国家是净进口。然而，竞争的结果却是使全球市场趋于收敛。这似乎与我们看到的全球市场的繁荣景象不相符。为了论证全球市场收敛的趋势，需要找到收入分配差距扩大、劳动收入占比下降的事实，因为如果世界上占人口最大多数的普通劳动者的收入状况恶化，对商品和服务的有效需求下降，全球市场自然是收敛的。

于研究是幸运的，于世界是不幸的，这样的证据的确存在。

① 时芳胜：《德国经常账户巨额盈余使全球经济面临通缩压力》，财经网，http：//overseas. cai-jing. com. cn/2013 - 11 - 06/113531644. html，2013 年 11 月 6 日。

在那些实行出口导向型经济政策的国家，如中国、印度、韩国等，在政策成功实施的年份里，随着商品出口占全球的份额快速上升，与世界平均水平相比，工资收入状况却在恶化。事实上，20 世纪 80 年代以来，即使是最发达的经济体，其工资占国民收入的比重也一直在下降。对此的解释是劳动者谈判力量下降（这部分地是由于资本的流动性增强，资本可以在全球范围内选择投资地），生产外包和去工业化，从国外购买廉价商品使生活成本下降，以及人们在资产泡沫时期以资产为抵押可以获得贷款的能力等。[1] 如此，全球工资收入的份额呈下降趋势（见图 2－4）。[2]

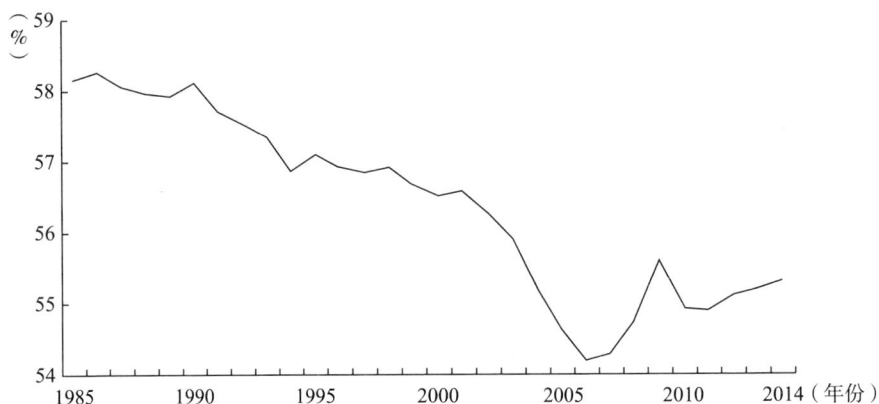

图 2－4　全球工资收入份额变化情况（1985～2014 年）

资料来源：The Secretariat of the United Nations Conference on Trade and Development, *Trade and Development Report*, 2016。

在发展中国家，工资增长滞后于生产力的发展，强化了人们的储蓄倾向。居民有限的工资收入消化不了他们制造的产量不断增长的商品，这反过来又强化了国家的出口导向经济战略，经济的对外依存

---

[1]　The Secretariat of the United Nations Conference on Trade and Development, *Trade and Development Report*, 2016, p. 21.

[2]　虽然 2010～2014 年全球工资收入份额有所上升，但 The Secretariat of the United Nations Conference on Trade and Development 预测，由于全球市场需求疲软，以及全球市场竞争更加激烈，工资收入份额在 2015～2020 年将由 55.3% 降至 53.5%。

度逐渐攀升。中国就是其中的典型。中国在 21 世纪初加入 WTO 之后，融入全球经济的程度不断加深。1999~2015 年，进出口总额占 GDP 的比重由 33.01% 上升到 35.63%，最高时为 64.24%（2006 年）；出口总额占 GDP 的比重由 17.84% 上升到 20.49%，最高时为 35.36%（2006 年）（见图 2-5）。之所以 2006 年以后中国经济对外依存度下降，主要是受美国次贷危机影响，全球商品贸易市场萎缩，许多行业、企业的产品、产能过剩，中国被迫进行痛苦的需求结构和产业结构调整。

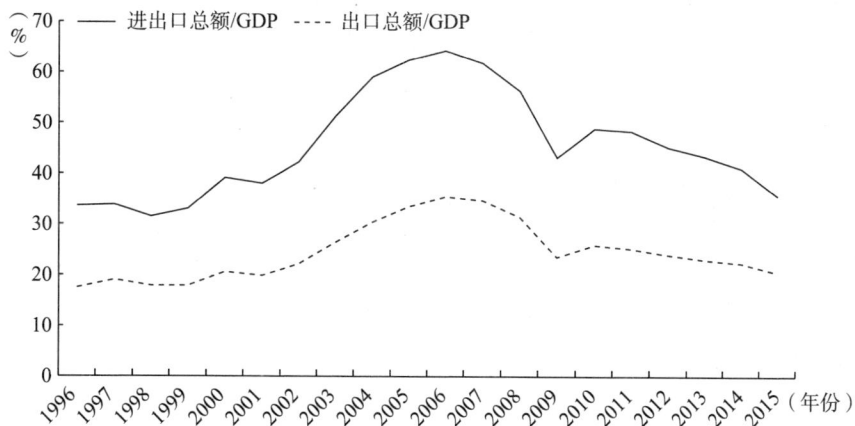

图 2-5　中国对外经济依存度（1996~2015 年）

资料来源：国家统计局网站。

在发达经济体，人们并没有因为工资收入份额下降而节衣缩食。在美国次贷危机爆发之前，发达经济体政府和私人消费的能力比较旺盛，如美国、加拿大、英国、澳大利亚等国。这些国家经常账户普遍出现赤字。尤其是美国，居民很少储蓄，工资收入中的绝大部分用于当期消费。这些国家强大的消费能力来自哪里呢？

仔细分析，就会发现信用创造在支撑着超出收入能力的消费。信用创造的渠道如下。

第一，政府出售信用。在经济疲软期，政府加大财政支出甚至不惜扩大财政赤字，利用财政杠杆刺激社会消费需求，直到新一轮经济增长启动方退出。

第二，居民透支信用。在政府有意放松金融管制的刺激下，由于利率下降，各类资产升值，居民举债消费，形成债务螺旋（debt spiral）。

但这些都是"虚增消费能力"，即超出国民收入水平及结构而产生的消费能力。"虚增消费能力"的维持需要持续的积极财政政策和量化宽松的货币政策，以政府和私人债务可以持续增加为前提。但经济泡沫迟早会破裂，就像2008年的美国次贷危机引发的持续近10年的经济危机。"虚增消费能力"一旦被打回原形，商品就会出现全球性的过剩。国际商品市场上，到处都是卖家，买家却没多少。

从危机时的经济状况看，在危机前的很长一段时间里，全世界都在为"虚增消费能力"而生产。由于人为创造的虚假信用，全球市场被人为放大了。就全球性的工资收入份额持续下降看，如果不调整收入分配结构，任由市场的力量发挥作用，真实的全球市场应该是增长缓慢、停滞甚至还可能是缩小的。

三 对技术进步影响就业总量的展望

以上分析表明，技术进步速度越来越快，而全球市场规模、一国（一地区）内部的市场规模皆因国民收入分配结构的扭曲而呈收敛态势。生产效率越来越高，生产能力越来越强，有效消费能力却越来越弱，长远来看，这对就业是极为不利的。

马克思的"就业补偿"理论和西方经济学的"就业补偿"理论在短期内、局部地看是成立的，但从长期、全局来看则是不成立的。

前面已经分析过，技术进步会不断加深生产能力的扩大与人们有效需求能力的减弱之间的矛盾。而为了缓解这种矛盾，资本主义国家不得不一次又一次通过财政政策、货币政策、放松金融监管等来制造虚增的信用，暂时地、部分地调和供过于求的尖锐矛盾，于是财政赤字规模屡屡突破预定的限额，货币总量的规模和增幅都远远高于国内生产总值①，人们获取信用的门槛一再降低，人们投资的杠杆一再放大，生产链条一再延长，一切又繁荣起来。社会经济系统如此复杂，几乎没有人知道自己所处的位置及周遭潜在的危险。人们生产，却不知道产品总量是否过剩；人们消费，却不知道自己未来的现金流能否偿还借款。然而，不改变资本主义的收入分配关系，上述举措无异于"饮鸩止渴"。这些举措不可能无限使用，过度使用会使它们本身成为危机的源头。每一次危机过后，意味着下一次将有更强烈的危机到来。而资本主义式的生产逻辑、分配逻辑至少目前仍未看到发生根本性改变的可能。

目前，在遭遇经济危机时，各国政府会采取各种方式来减少失业、促进就业，失业率能够维持在一定水平。似乎技术进步对就业总量的影响是不明显的。但这里忽略了一个问题：同样是就业，就业的质量是不一样的。

就业统计通常按工作岗位数来计算，而不考虑工作岗位对收入的影响。比如，受经济危机影响，某人失掉了一份高收入的工作（月薪10000元），转而只能获取一份低收入的工作（月薪5000元），虽然此人始终在就业，就业质量却有差别。如果将就业质量因素纳入就业统计当中，经济危机后此人的就业仅是危机前的1/2。事实上，我们无法统计由经济本身决定的"自然就业率"与人为因素干预下的"社会就业率"之间的差额。但我们相信，社会存在的一部分就业是经济系统本身所不需要的，但由于体制、机制、制度设计

---

① 2012年至2015年，欧洲央行及瑞士、瑞典、丹麦等少数欧洲国家陆续将银行存款利率调为负数，这意味着人们在银行存款不仅不能获得利息收入，还要向银行支付利息。对此的解释是，即使存款利率为零，人们仍不愿将钱取出用于消费。为了对抗经济衰退和通货紧缩，国家通过负利率的方式刺激人们消费。这颠覆了人们对经济学教科书上"流动性陷阱"的认识。人们通常认为利率最低只能降为零，此时如果人们仍愿意持有货币而不投资和消费，货币政策即宣告失灵。但现实比教科书更有想象力。人们为什么不愿投资和消费？只有在人们的财富缩水、收入减少、对未来的预期下降的情况下，人们才会更多地储蓄。这也说明生产能力扩大与人们有效需求能力缩小之间的矛盾较之以往更加尖锐。

的原因，出于社会安全、人道主义的考虑，这部分人群仍滞留在经济系统之中。因此，"自然就业率"往往会低于"社会就业率"。

以中国为例。由于以往整体上技术进步的增速并不明显，没有造成就业量绝对地减少。但尽管就业总量仍在增长，资本的就业弹性在下降，一年一度的就业难题就是很好的证明。而且，就业人群当中，部分是政府通过政策扶持（如"三减一免"、企业稳岗补贴等）和提供公益性就业岗位实现就业的，城镇登记失业率也因各种原因而不能真实反映失业水平。再考虑到产能过剩、"僵尸企业"而形成的"无效就业"，中国由市场决定的就业规模可能要低于官方统计的水平。

当然，我们不能否认个人和社会应对就业冲击的能力，如政府提供就业培训、提供公益性就业岗位，个人也会在技术和资本达不到或即使达到但运行成本很高的地方寻找就业机会。但这样的地方会越来越少，空间越来越有限，个人和社会的调适能力将变弱。

以比较不容易替代的教师队伍为例。以往受地理空间的限制，全国最优秀的教师资源不能在全国范围内共享，各地都开设学校、聘请老师，教学质量良莠不齐。但信息通信技术发展到今天，只要进行适当的制度安排，技术上已经能够让优秀教师的教学活动实现网络直播，在全国范围内分享。由于授课具有了规模效应，理论上很多教职岗位存在的必要性将下降。未来，教育行业的组织和流程很有可能再造和优化，对老师的需求将会减少。

"技术进步对就业市场的破坏才刚刚开始。从无人驾驶汽车到各种智能的家用产品，现有的创新能够摧毁那些过去从未被影响过的工作。"[1] 牛津大学的一项研究表明，今天47%的工作可以在今后20年里实现自动化。[2] 花旗集团2016年4月发布的一份报告称，随着越来越多的人工作业被科技代替，银行就业岗位数量的削减速度在加

---

[1] 《技术进步正在这样影响就业》，《创新科技》2014年第3期。
[2] 《技术进步正在这样影响就业》，《创新科技》2014年第3期。

快。由于自动化的实施，2015 年至 2025 年将有 30% 的就业岗位被裁撤（见图 2 - 6）。①

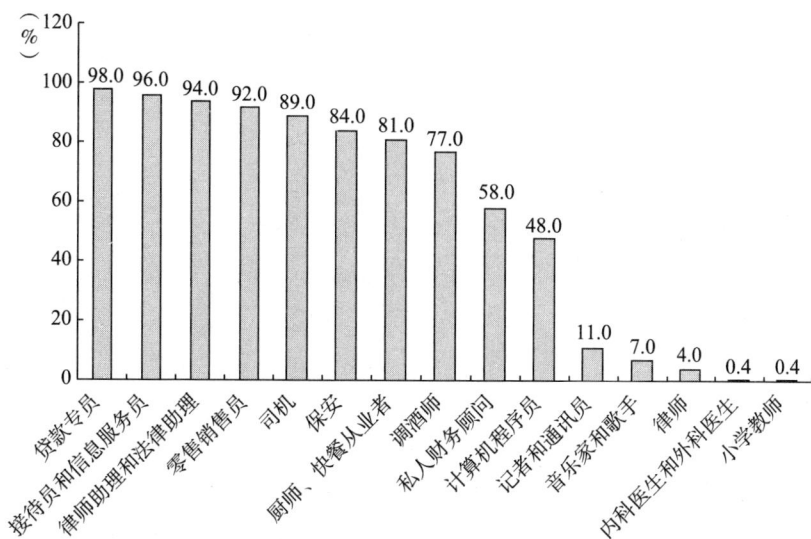

图 2 - 6　未来 15 种职业被机器人替代的可能性

资料来源：摩根士丹利首席欧洲经济学家 Elga Bartsch 为首的团队所作的分析。转引自《英国电信 CEO：今天 80% 的工作岗位未来"很可能"会消失》，华尔街见闻，http://wallstreetcn. com/node/270590？ _da0. 24049963522702456。

　　未来我们需要思考的问题是：在这些工作岗位消失的同时，经济系统是否能够创造相同数量或更大规模的工作岗位？在新创造的工作岗位当中，人类比工业机器人、智能机器人更具竞争力的岗位究竟还剩多少？人类就业的空间会不会逐渐被压缩呢？对此，人类实在不能盲目乐观。人类可能正在创造一个自己终究无法掌控的世界，这个世界可能会重新定义社会关系、经济关系和人类存在的方式、价值及意义等很多事物。未来人们对就业的理解也可能会改变，就业的概念也可能会消失，人类进入一种新的生活方式当中。然而，如果这一天真的到来了，就证明原来的生产关系因不适应生产力的

---

① 《花旗集团：30% 的银行岗位可能会消失》，国研网，http://www. drcnet. com. cn/eDRCnet. common. web/DocSummary. aspx？ leafid = 961&docid = 4261254。

发展而解体了，而在它解体的过程中，就业一定遭到了极大的破坏。

第三节　技术进步对就业结构的影响

一　技术进步引起就业结构变化的逻辑

技术进步影响就业结构变化的因素主要有两个方面：一是技术进步的时间性，二是劳动生产率的变化。

（一）技术进步的时间性

科技发展具有时间性，总是从低到高，由简到繁。从对单个工具的改进，到系统性创新，科技对人类社会的影响从点到面，由小及大，从局部到整体。在这个过程中，科技对人的替代从简单劳动到复杂劳动，从体力劳动到脑力劳动。在科技开始发挥作用的生产领域，劳动力逐步退出，退出的劳动力和新增劳动力流入那些科技尚未有效介入的领域，以及技术进步创造的新的生产领域。科技继续发展，开始影响那些原来无法有效介入的领域，这些领域的劳动力又要陆续退出，进入那些仍未被科技完全占领的领域。如果科技进步不停歇，这个过程将持续；如果科技进步没有边界，可以从简单计算、理性判断到甚至像人一样行动和思考，那么最终科技对人的替代将是全领域和深层次的，也将制造"灾难性"的就业结构：大量无业者和少数控制科技的人——如果他们能够控制科技的话。

当然，这是对极端情况的假设。通过假设可以更清晰地认识科技影响就业结构的趋势。通常，人们把这个过程称为社会进步。欧美发达国家已经走完农业社会、工业社会的路程，进入后工业化社会。后工业化社会肯定也不是最终的社会形态，受科技进步的推动，它将进入更高级的社会形态。与此相伴，就业的重心也由农业到工业，再由工业到服务业。然后呢？这将为人类留下充分的想象空间。

（二）劳动生产率的变化

技术进步能够提高劳动生产率，而劳动生产率的提高能够释放劳动力去从事新的工作，就业结构因而改变。科技越不发达，人们越是将主要的精力用于生产维持生活所必需的物品。农业关涉人类的吃饭问题，是生存之第一要义，在很长一段历史长河中，占用了人类绝大多数劳动时间。而随着农业技术的进步，农业劳动生产率不断提高，在使用较少劳动的情况下就可以获得与原来相同甚至更高的粮食产量，这就为释放部分农业劳动力提供了可能。

同时，由于农业劳动生产率越高，农产品价格越低，与种地相比，手工业产品就能获得更高的效用评价，因为手工业开始时从业者较少，相关技术不发达，产量小，比农产品更具稀缺性，花费同样时间生产的手工制品的价格要高于农产品的价格。这会刺激部分农业劳动者进入手工业，用手工制品交换农产品。

以此推之，随着科技进步，更多行业和领域的劳动生产率得到提高，促使劳动力就业结构不断发生变化。

极端地看，如果农业劳动生产率足够高，农产品之于人类，就像空气之于人类一样丰富，那么，人类对农产品的效用评价就降为零，农产品价格也为零。很明显，人类不会研究空气的定价问题，事实上迄今为止人类仍没有为空气付费。当农业充分发展时，虽然它对人类像空气一样重要，但它也像空气一样容易被人类"忘记"。农业为人们从事其他产业活动提供了基础性平台。在这个平台上，人们交换各种商品和服务，唯独不需要交换农产品，因为它像空气一样免费。① 于是

---

① 当然，受土地的稀缺性、地力的有限性、科技的局限性及气候变化等因素影响，农产品不会丰富得像空气一样，但在很多发达国家，吃饭问题已经得到很好的解决。人们对农业的评价已经远不如工业、服务业那样高。这就是为什么工业和服务业都是在农业之后产生的，但农业占国内生产总值的份额却逐步下降，远低于工业和服务业。

人们就会推论，随着技术进步带来的劳动生产率的提高，各种物质产品将会极大丰富，人类社会将向更高形态发展，工业可以脱离农业而独立存在，服务业可以脱离工业而单独存在，金融业可以脱离产业而自我内部循环和增长。

从技术的可能性来看，或许这是成立的，但在现实的经济生活中不容易发生。

假设农业技术非常发达，资本兼并也已完成，最终整个农业生产由一家企业来完成，而且全部是自动化生产，不需要一名农业工人。那么，工业能发展起来吗？显然不能，因为农产品产权归这家农业企业主所有，工业部门要想发展，就要拿工业品同农业企业主交换。然而，农业企业主对工业品的需求是非常有限的，尽管他有很多农产品，价格也可以很低，大规模的交易却不会发生。工业部门的人们发现，尽管技术上农产品可以像空气一样免费，但在私有产权制度下，在农业部门对工业品需求能力极小的情况下，却不能通过市场交易获得赖以生存的农产品，市场在此刻失灵了。技术和资本的结合体逐渐将劳动力从第一产业和第二产业迁出，涌入第三产业，终有一天，需要服务的农业和工业资本家如此之少，而提供服务的人如此之多，这些人如何就业，又如何能够获得必需的农产品和工业品呢？

除非农业企业主像一国之中央银行那样，向工业和服务业部门提供信用，工业和服务业凭信用获得农产品。很显然，信用永远不会被偿还，因为农业企业主需要的商品和服务实在太少了。如此，农业企业主实质上是免费向社会提供农产品，他显然不是资本家了。

虽然以上只是极端假设，其中的逻辑却始终在缓慢的社会演进中起作用。技术进步与资本主义生产关系之间的张力会越来越大。在资本主义生产关系下，三次产业之间的就业和收入是相互关联的，任何产业的就业和收入的变化都会对其他产业造成影响。科技发展到一定水平，除非对社会制度进行重大变革，否则经济循环会停止，就业会停止。

二　就业结构变化的趋势

宏观上看，技术进步对就业结构的影响体现在三次产业结构的演变上：第一产业（主要是农业）的技术进步使部分人从农业劳动中解放出来，从事加工制造业（第二产业）；第二产业的技术进步极大地促进了社会分工，提高了生产效率，从而对生产性服务业和生活性服务业产生需求，第三产业随之得到发展。三次产业结构的变化带动就业结构的变化，第一产业就业比重下降，第二产业就业比重先上升后下降，第三产业就业比重则持续地上升（见表 2 - 1）。

表 2 - 1　OECD 国家劳动力从生产行业向服务行业转移的情况
（2008 ~ 2015 年）

单位：%

	农业	制造业	建筑业	分配性服务业	生产性服务业	社会服务及公共管理	全部就业
希腊	- 0.98	- 3.20	- 4.76	- 3.92	- 0.83	- 3.15	- 16.84
西班牙	- 0.41	- 3.24	- 6.61	- 2.53	- 0.86	0.37	- 13.28
葡萄牙	- 1.50	- 2.05	- 4.34	- 1.59	0.23	- 0.66	- 9.93
爱尔兰	- 0.26	- 1.88	- 5.39	- 0.86	- 0.70	1.36	- 7.73
斯洛文尼亚	- 0.61	- 3.84	- 2.95	- 0.81	0.72	1.69	- 5.79
丹麦	- 0.17	- 2.67	- 1.01	- 1.00	0.54	0.38	- 3.93
意大利	- 0.20	- 2.70	- 1.67	- 0.42	0.74	0.83	- 3.42
爱沙尼亚	- 0.11	- 2.65	- 3.16	0.00	0.64	2.28	- 3.01
芬兰	- 0.41	- 3.46	- 0.49	- 0.82	1.06	1.21	- 2.91
荷兰	- 0.09	- 0.84	- 1.17	0.29	- 0.24	0.96	- 1.09
日本	- 0.65	- 1.96	- 0.55	- 0.11	- 0.23	2.56	- 0.95
捷克	0.01	- 1.03	- 0.62	0.48	0.28	0.23	- 0.65
美国	0.05	- 0.30	- 0.79	0.13	0.41	1.10	0.59

续表

	农业	制造业	建筑业	分配性服务业	生产性服务业	社会服务及公共管理	全部就业
法国	-0.14	-1.45	-0.48	0.45	0.82	1.67	0.87
斯洛伐克	-0.34	-2.46	-0.84	0.88	2.65	1.00	0.89
波兰	-2.29	-0.79	-0.38	0.97	1.92	1.99	1.41
OECD 平均	-0.11	-0.62	-0.73	0.94	1.04	2.12	2.64
比利时	-0.24	-1.79	-0.07	-0.49	2.91	2.77	3.09
加拿大	-0.09	-0.73	1.37	1.65	0.45	2.12	4.77
奥地利	-0.70	-0.47	0.23	1.81	1.93	2.22	5.02
瑞典	0.40	-2.21	0.93	1.79	1.74	2.62	5.27
英国	0.10	-0.56	-0.62	1.45	2.69	2.22	5.28
德国	-0.09	0.14	0.32	1.08	1.82	2.05	5.33
挪威	-0.06	-0.39	0.82	0.17	0.59	4.26	5.40
匈牙利	0.06	-1.35	-0.80	1.60	2.11	4.35	5.96
韩国	-1.45	2.28	0.05	2.52	2.46	4.14	10.00
澳大利亚	-0.31	-0.63	0.41	2.15	2.14	6.25	10.01
墨西哥	2.40	1.93	0.20	4.41	1.53	3.02	13.50
卢森堡	0.01	-0.49	0.67	4.20	5.04	6.68	16.11
以色列	0.02	0.58	1.96	4.48	3.83	10.83	21.70

资料来源：OECD 网站。

微观上看，技术进步产生了"就业歧视效应"，表现为对高技能劳动力的需求不断增加，对低技能劳动力的需求不断减少。国内外很多研究证实了这一点。如曼纽尔·卡斯特分析了美国、日本、德国、法国四国的就业结构变化情况，得出的结论是工业部门对普通劳动力的需求不断下降的同时，对高技能劳动力的需求在不断增加。[1] 丁建定研究了美国的就业结构变化情况，认为科技进步提高了美

---

[1] 曼纽尔·卡斯特：《网络社会的崛起》，夏铸九等译，社会科学文献出版社，2001。

国信息技术行业对就业的需求，蓝领工人却遭遇失业问题。①

宏观和微观就业结构的变化，都使得第二产业就业占比下降，而第三产业就业占比上升。这从制造业可以看得很清楚。

OECD 国家整体上制造业就业人数占就业总人数的比重呈下降趋势，2008～2015 年，由 13.78% 下降到 12.51%。美国、英国、德国、法国等发达国家也都呈下降趋势。尤其是美国，自 20 世纪 70 年代以来，制造业就业人数占比持续下降，由 1965 年的 27.06% 下降到 2015 年的 10.32%（见图 2-7）。

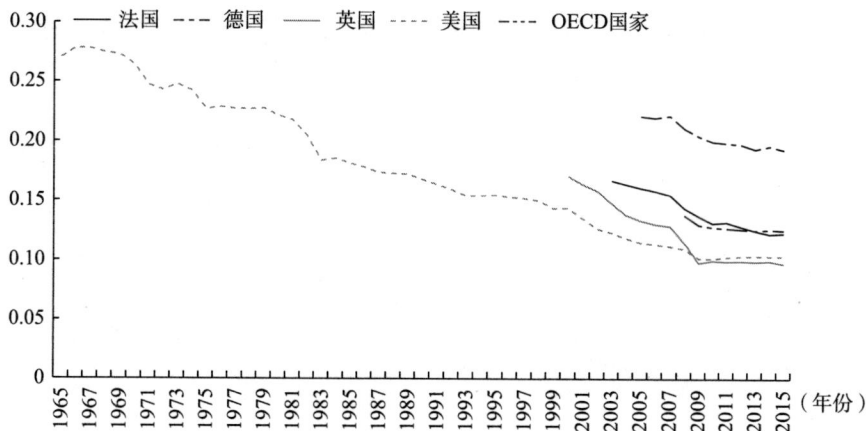

图 2-7 部分国家制造业就业人数占就业总人数的比重

资料来源：根据 OECD 网站提供的数据计算得到。

引起制造业就业占比下降的原因可能有很多，但主要原因是什么呢？我们发现，美国次贷危机之后，美国、德国、日本制造业增加值占 GDP 的比重大致是稳定的（见图 2-8），但其间制造业就业人数占比仍呈下降态势。这说明制造业在国民经济中的地位保持稳定的同时，制造业吸纳就业的能力却在下降。

如果再观察制造业劳动生产率状况，会发现很多国家的制造业

---

① 丁建定：《科学技术进步与当代美国就业机会的变化》，《自然辩证法通论》2007 年第 1 期，第 43～45 页。

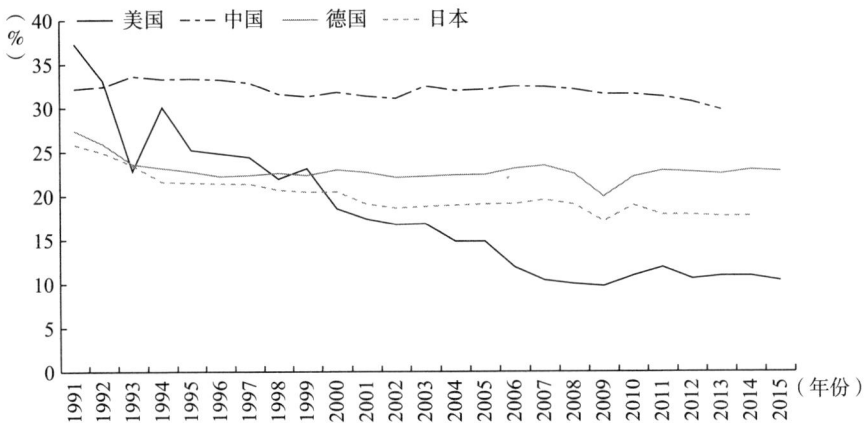

图 2 - 8 部分国家制造业增加值占 GDP 的比重 (1991~2015 年)

资料来源：根据 OECD 网站提供的数据计算得到。

劳动生产率都呈提高趋势，尽管中间有波折，幅度也有大有小（见图 2 - 9）。

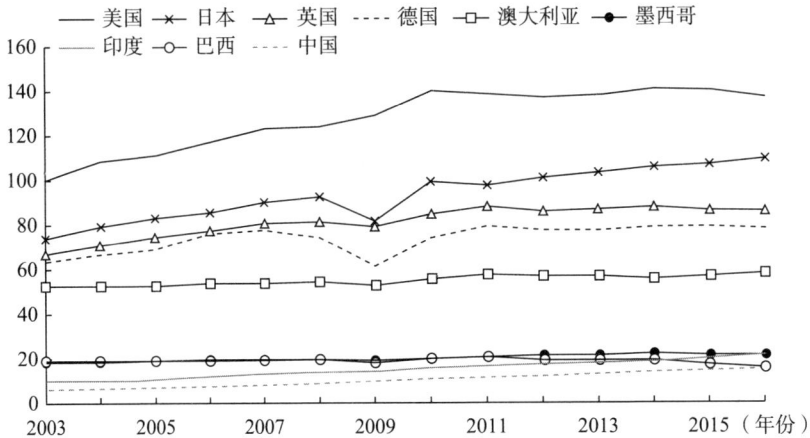

图 2 - 9 部分国家制造业劳动生产率比较 (2003~2015 年)

注：劳动生产率用单位劳动产出表示，2003 年美国生产率为 100。

资料来源：牛津经济研究院（Oxford Economics）的工作报告。

综上分析，技术进步应是导致制造业就业占比下降的主要因素之一。这就不难理解，在以制造业立国、拥有大量贸易顺差的德国，制造业岗位同样也在减少。制造业占比下降意味着服务业占比的上升。服务业逐渐成为吸纳就业的主渠道（见图 2 - 10）。

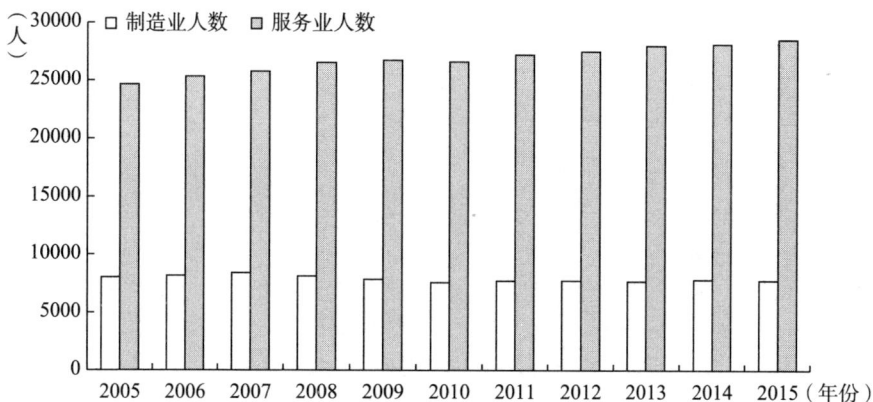

图 2 - 10　德国制造业和服务业就业情况对比

资料来源：根据 OECD 网站提供的数据计算得到。

（一）技术进步对美国就业结构的影响

技术进步对美国制造业就业占比的影响总体为负面。

美国劳工部的数据显示，美国制造业就业规模的顶峰在 1979 年，当时有 1900 万从业人口。[①] 从那时起，制造业的就业人口逐步下降，至 2000 年约为 1730 万人，20 年时间减少了 170 万人。2000 年至 2016 年，制造业就业人数从 1730 万人锐减到 1230 万人（2010 年曾一度下降到 1150 万人，后来由于经济复苏及奥巴马政府重振制造业计划的实施，6 年时间新增 80 万个就业岗位），16 年时间减少了 500 万人，减员速度明显加快（见图 2 - 11）。

包括总统特朗普在内的美国保守主义者将美国就业机会的减少归罪于中国人、墨西哥人和美国开放的国际贸易政策，认为中国的廉价工业品对美国制造业形成强烈冲击，转而奉行"闭关锁国"式的民族主义、贸易保护主义政策，给经济全球化抹上厚厚的阴影。其实夺走美国人工作机会的正是技术进步。

---

① 周佳：《特朗普"制造业重返美国"胜算几何》，《第一财经日报》，2016 年 12 月 8 日。转引自新浪财经，http://finance. sina. com. cn/money/forex/2016 - 12 - 08/doc - ifxypipt0514622. shtml。

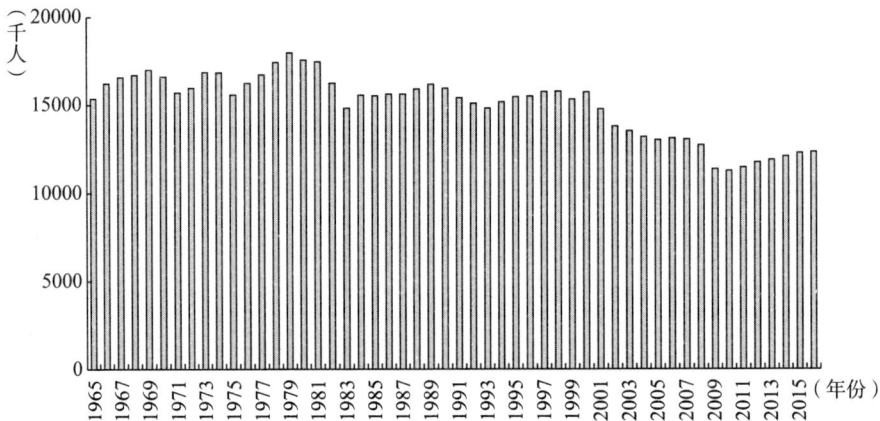

图 2-11　美国制造业就业情况（1965~2016 年）

资料来源：根据 OECD 网站提供的数据计算得到。

首先，排除经济周期因素的干扰。21 世纪初，美国工作年龄人口（指年龄在 15~64 岁的人口）就业的比例是 77.2%，而此后无论经济是走高还是走低，这一比例却一直在下降，目前只有 72.61%（见图 2-12）。可见，经济周期理论已经不能完全解释其持续较低的就业率水平。

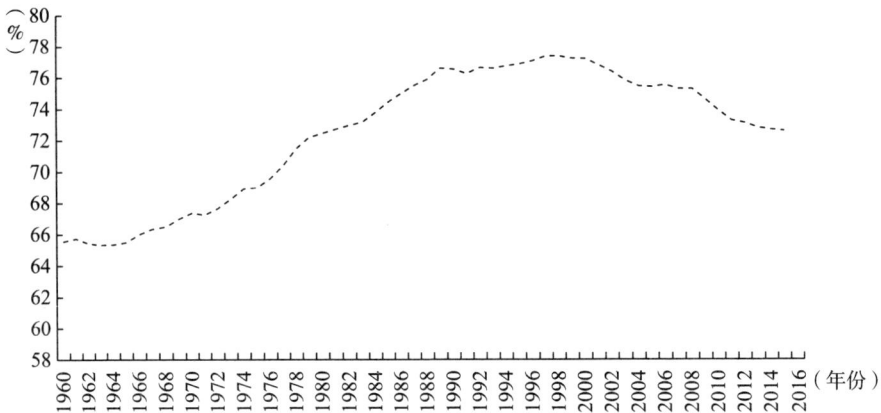

图 2-12　美国劳动参与率（1960~2016 年）

数据来源：根据 OECD 网站提供的数据计算得到。

其次，排除国际贸易的干扰。美国麻省理工学院教授戴维·奥特等人的研究表明，国际贸易只能对美国制造业岗位减少作出 20% 的解释，技术进步尤其是自动化技术才是主要因子。以创造 100 万美元所需要的制造业岗位为例，1980 年需要 25 个工作岗位，目前仅需要 6.5 个工作岗位。[①] 对于特朗普将制造业就业机会带回美国的企图，美国前商务部部长卡洛斯·古铁雷批评道，这是在解决"错误的问题"。

如果回溯历史，则能够得到更清晰的认识。美国次贷危机之后，美国制造业对美国经济的贡献率基本保持稳定，但由于技术进步带来的制造业单位劳动生产率的快速增长，制造业就业比重却逐步下降。2008~2015 年，美国制造业增加值占 GDP 的比重维持在 12% 左右（2015 年，制造业总产值为 6.2 万亿美元，相当于 GDP 的 36% 左右），但制造业就业人数占非农就业人数的比重却由 2007 年的 10% 下降到 2014 年的 8.8%。

美国近十多年来的科技革命，产生了谷歌（Google）、脸书（Facebook）、亚马逊（Amazon）等世界级的巨型企业，却未能创造大量就业。2015 年，谷歌母公司 Alphabet 以及 Facebook 两个企业的市值之和是微软的两倍，员工总数之和却仅为微软的 2/3 左右。如果将美国 2015 年的五大科技公司[②]与 2000 年的五大科技公司[③]进行比较，则发现前者总市值约为 1.8 万亿美元，比后者高出 80%，但雇佣员工数量却比后者少 22%（前者为 434505 人，后者为 556523 人）。[④] 不难看出，技术进步的速度越快，企业提供的就业岗位相对越少。

现在美国也加入了新一轮的制造业竞争当中，制造业的自动化、智能化水平将逐步提高，这将对就业产生更为不利的影响。

麻省理工学院和波士顿大学的研究报告《机器人和工作：来自

---

① 江宇娟：《谁"偷走"了美国制造业岗位》，新华社财经观察，http://finance.sina.com.cn/world/mzjj/2017-02-03/doc-ifyafcyx6818534.shtml，2017 年 2 月 3 日。
② 苹果、Alphabet、微软、脸书、甲骨文（Oracle）。
③ 思科（Cisco）、英特尔（Intel）、国际商业机器公司（IBM）、甲骨文（Oracle）、微软。
④ 《特朗普当选的有理？新科技革命并未对美国带来更多就业机会！》，转引自搜狐网，http://www.sohu.com/a/119206837_115161。

劳工市场的证据》显示，每千名工人拥有的机器人数量增加 1 个，美国就业率就会下降 18～35 个百分点，工人薪资也会降低 25～50 个百分点。[①] 预计未来 10 年美国将有 350 万份工作被机器人夺走。机器人减少就业的现象主要发生在制造业领域，受影响较大的是那些蓝领和受教育程度较低的产业工人。

制造业就业的减少会产生连锁反应，原因在于制造业有较高的乘数效应。根据 IMPLAN 模型的计算，在美国，制造业每投入 1 美元，经济会增长 1.81 美元；制造业部门每雇用 1 名工人，就会带动其他部门 4 个人的就业。[②]

（二）技术进步对中国就业结构的影响

从中国的情况看，宏观上，在就业人数总量持续增加的同时，就业结构不断调整。2005 年至 2014 年，第一产业就业人数占比从 44.8%下降到 29.5%，第二产业就业人数占比从 23.8%上升到 29.9%，第三产业就业人数从 31.4%上升到 40.6%。就资本密集程度而言，第二产业整体上高于第三产业。第二产业偏资本密集型和技术密集型，第三产业偏劳动密集型。

微观上，技术进步改变了就业方式，私营企业和个人就业比重上升。2009～2014 年，城镇单位就业人数从 12573 万人增长到 18277.8 万人，年均增长 7.77%。若扣除公共部门就业人数[③]，城镇单位就业人数从 8365.9 万人增加到 13242.8 万人，年均增长 9.62%。[④] 同期，城

---

① 《永远的通缩动力——机器人将彻底改变这个世界》，华尔街见闻，https://wallstreetcn.com/articles/3007256，2017 年 5 月 2 日。

② 朱帅：《从美国制造业真相看我国应对之策》，中国工业新闻网，http://www.cinn.cn/xw/chanj/369006.shtml，2016 年 12 月 27 日。

③ 扣除公共部门就业人数的原因在于，公共部门就业不是市场选择的结果，不以效率为原则，普遍为一些公益性服务岗位。扣除之后的第三产业包括流通业和生产生活性服务业，这些行业普遍参与市场竞争。

④ 其中，2011 年、2013 年制造业、建筑业和批发零售业就业人数的大幅增长，使得城镇单位就业人数在短期内上升到一个较高的水平。

镇私营企业和个人就业人数从 9788.9 万人增加到 16866.7 万人，年
均增长 11.5%。也就是说，新增就业大多来自私营企业就业和个人
就业。城镇私营企业和个人就业人数与城镇单位就业人数之比整体
呈上升趋势，从 2009 年的 1.17 上升到 2014 年的 1.27（见表 2 - 2、
图 2 - 13）。就资本密集程度和技术水平而言，城市单位就业人员偏
资本密集型和技术密集型，而私营企业偏劳动密集型。这很大程度
上印证了技术进步促使劳动力就业的重心向劳动密集型企业转移的
论断。另外，新增个体就业人员中，有一部分与互联网相关。例如，
阿里巴巴提供的直接就业岗位约 1500 万个，滴滴提供的就业岗位超
过 1300 万个（其中部分是兼职司机）。[①]

表 2 - 2　城镇人口就业结构变化情况

	城镇单位就业人数（扣除公共部门就业人数）（万人）	新增就业人数（万人）	私营企业和个人就业人数（万人）	新增就业人数（万人）	城镇私营企业和个人就业人数（万人）	新增就业人数（万人）	A/B
2009 年	8365.9		15192.4		9788.9		1.17
2010 年	8705.9	340	16425.2	1232.8	10538.4	749.5	1.21
2011 年	9925.1	1219.2	18298.9	1873.7	12138.8	1600.4	1.22
2012 年	10547.9	622.8	19924.4	1625.5	13200.1	1061.3	1.25
2013 年	13217.9	2670	21857.3	1932.9	14384.5	1184.5	1.09
2014 年	13242.8	24.9	24975	3117.7	16866.7	2482.1	1.27

注：为便于绘制，表中城镇私营企业和个人就业人数用 A 表示，城镇单位就业人数（扣除公共部门就业人数）用 B 表示。

资料来源：国家统计局网站。

---

① 滴滴司机整体上生活压力较大，其中不乏下岗工人、退役军人、艰苦创业者，70 后、80 后占八成。阿里巴巴淘宝店主和滴滴平台司机的收入水平普遍较低。如很多淘宝店主的收入位于个人所得税起征点以下。

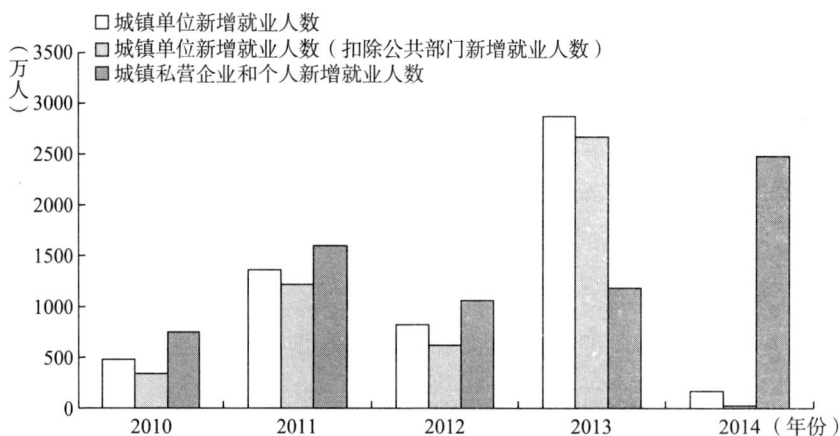

图 2 - 13　城镇新增就业情况（2010～2014 年）

资料来源：国家统计局网站。

需要引起注意的是，2014 年第二产业就业人数下降，与 2013 年相比，采矿业、制造业、电力燃气水生产业、建筑业的就业人数分别减少 40 万人、14.8 万人、0.8 万人和 0.7 万人。如果将这种变化与方兴未艾的产业升级改造、人工智能技术发展结合起来看，第二产业就业形势会更加不容乐观。

以制造业为例。2015 年，国务院出台《中国制造 2025》，通过"三步走"来实现制造强国的战略目标。目前制造业的"机器换人"计划正在广东、浙江等地快速展开。

以广东省为例。2015 年，该省提出全面实施工业转型升级攻坚战，大力发展智能制造，加快"机器换人"步伐，计划三年投资9430 亿元，引导 50% 以上的规模以上工业企业完成技术改造。据广东省政府发展研究中心调查，2015 年广东省制造业企业岗位平均每季减少 22.54 万人。预计到 2017 年末，广东全省约 1950 家规模以上工业企业将实现"机器换人"。在全省制造领域充分引入机器人后，广东的工业企业用工每年将减少 90 万人。与此同时，广东省政府发展研究中心调查显示，制造业分流出来的劳动力相当部分进入服务业。如 2015年广东省制造业减少用工 90 万人，但服务业增加就业近 101 万人。

东莞市的行动更加积极。该市于 2014 年发布《东莞市推进企业"机器换人"行动计划（2014～2016 年）》（东府办〔2014〕72 号），鼓励劳动密集型企业技术升级改造，计划用 1000～1500 个"技术换人"应用项目来提升全市规模以上工业企业的劳动生产率。根据测算，每更新 20 万元机器可减少 4.5 人，全市每年预计可减少 4 万人的普工需求。从 2014 年 9 月到 2015 年底，"机器换人"计划约替代劳动力 7 万余人[①]。"机器换人"的速度，按计划到 2016 年将覆盖一半以上规模以上工业企业，到 2020 年将覆盖绝大多数规模以上工业企业。据统计，东莞应用机器人以后，劳动生产率平均提高了 64.9%，产品合格率从 89.3% 提高到 96.6%，单位产品成本平均下降 12.5%。电子信息工业实施"机器代人"后，每条生产线上员工人数从 24 人减为 2 人，劳动生产率提升了 13.67 倍，合格率提升 5%。[②]

广东省"机器换人"案例

1. 东莞劲胜精密组件股份有限公司

该公司主要从事消费电子领域模组产品设计及精密结构件的研发、设计、制造及销售业务，投资 4709 万元开展了"智能手机金属边框自动化成形加工项目"，购置数控加工中心等设备，对手机金属边框毛坯加工的切削、钻孔、攻丝、铣磨、镗孔等工序进行了自动化改造。项目实施后，相关的一线员工从 416 人减少到 208 人，减员 208 人；平均生产效率从每班 550 件提高到 1156 件，提升了 110%；产品合格率从 93% 提高到 98%。预期项目每年可新增销售收入 25489.8 万元，利税 2275.63 万元。

---

① 数据由东莞市就业局工作人员提供。东莞入世丰为一家纺织企业，现在全厂 300 人、400 台全自动纺织机的生产能力，在以往需要 3000 多台手拉机、3000 多工人来完成。参见《"世界工厂"的"机器换人"之路》，人民网，http://news.xinhuanet.com/city/2015 - 04/21/c_127714730.htm，2015 年 4 月 21 日。

② 广东省政府发展研究中心：《广东省资本有机构成变动趋势研究》，2016。

2. 东莞市瑞必达科技有限公司

该公司主营业务为设计、开发、生产与销售手机盖板玻璃，触摸屏基板玻璃，以及平板电脑、MP3、MP4、数码相机摄像头等中高档消费类电子产品的视窗玻璃镜片，开展了"精密零部件加工工艺自动化改造项目"，总投资 423.87 万元，通过购置 CNC 精雕机，联合研发了机械手、装载夹具、冷却液集中循环回收装置等设备，实现了视窗玻璃加工工序环节的自动化生产。

项目实施后，一线员工减少 90% 以上，人均效率提升 20 倍以上，产品质量合格率得到了提升，项目的减员增效、提质保安全及节能减排等效果明显。

3. 广州市文博实业有限公司

该公司主营研发 3D 模型、3D 耗材、3D 个性化定制产品，以及 2D 数码印刷机和热升华转印机，2015 年投入 39 万元，更换了 25 双制模机械手，原来需要 115 人完成的工作，改造后只需 80 人就能完成，成本费用从原来的 60 万元降到 32 万元。同时，该企业还建立"互联网 + 智能制造"3D 微型加工厂，只用一台机器人，就实现了 24 小时不间断加工定制 3D 产品，并销向全球。

4. 广东骏驰科技股份有限公司

该公司主要从事汽车机油输送管、加油管、增压管、气管、吸油管、冷却水管、冲压件、连接件等汽车零配件的生产和销售业务，近年投入 360 万元，引进自动化设备 15 台（套），每台（套）设备可节约用工 8 人。使用自动化设备后，用工人数由之前的 230 人下降到现在的 150 人，每年预计节约人工成本约 280 万元。该公司表示，在减少普工需求的同时，对技工需求有所增加，预计未来两年需增加操作和维护自动化设备的专技及技术工约 60 人。

资料来源：根据 2016 年 7 月 18 日至 20 日在广东省调研获得的资料整理。

在浙江省，至 2015 年末，通过"机器换人"已累计减少普通劳动工人近 200 万人。

"机器换人"背后的主要原因有两个：一是人工成本逐步上升，二是机器人更加经济适用。人工成本上涨，表现为教育、医疗、社保、住（租）房等生活成本快速上涨所推动的工资水平快速上涨，已经严重挤压了企业的利润空间，不少企业已经将生产基地移至劳动力成本较低的中国周边国家，仍在国内的很多企业为高用工成本发愁。机器人更加经济适用，表现为随着生产成本不断下降和技术日益完善，企业对机器人投资的回收期不断缩短，使用机器人愈加便宜。东莞市劲胜精密组件股份有限公司称，由于机器人成本下降，目前购买一台机器价格为 13 万元，每月实际成本只有 2000 元，而雇佣一个工人每年最少要花 18 万元。[①]

不难想见，由于完成"机器换人"的企业有成本和效率的双重优势，比那些仍采用传统生产方式的同类企业有明显的竞争优势。为了在激烈的市场竞争中占据一席之地，势必有越来越多的地区和企业加入"机器换人"计划，相信不久的将来，该计划的发展将呈燎原之势。在这个过程中，会有越来越多的产业工人被挤出制造业。由于制造业人口数量占城镇单位就业人口数量的比重最大（2014 年，制造业人口 5243 万人，城镇单位就业人口 18278 万人，制造业人口数量占城镇单位就业人口数量的比重为 28.68%），制造业的"机器换人"计划对劳动力就业的影响是巨大而深远的。

如果推而广之，不仅是制造业，其他类型的工业企业、生产生活性服务业，也都面临人工成本压力和行业竞争压力。在大数据、人工智能、"互联网＋"快速发展的大背景下，这些行业企业都有用机器代替人工的意愿，只要经济上、技术上可行，意愿很快就变

---

① 索有为：《"世界工厂"东莞踏入"机器换人"的拐点》，浙江在线，http://www.dzwww.com/xinwen/guoneixinwen/201602/t20160228_13897390.htm，2016 年 2 月 28 日。

成现实。中国政府于 2017 年 7 月推出《新一代人工智能发展规划》，发展人工智能上升为国家战略。在全球激烈竞争的压力下，其他国家也会加快发展的步伐。终有一天，智能机器能够胜任的行业和领域将大量挤出普通劳动者，只需要拥有高素质的管理者、研发者和较高技能的劳动者。数量庞大的普通劳动者将被迫挤入那些不能被智能机器替代的行业和领域，这些领域的竞争更加激烈，不少人难免会失业，留下来的人也只能维持低质量的就业，获得较低的收入。

中国《新一代人工智能发展规划》提出"三步走"战略目标

第一步，到 2020 年人工智能总体技术和应用与世界先进水平同步，人工智能产业成为新的重要经济增长点，人工智能技术应用成为改善民生的新途径。人工智能核心产业规模超过 1500 亿元，带动相关产业规模超过 1 万亿元。

第二步，到 2025 年人工智能基础理论实现重大突破，部分技术与应用达到世界领先水平，人工智能成为带动我国产业升级和经济转型的主要动力，智能社会建设取得积极进展。新一代人工智能在智能制造、智能医疗、智慧城市、智能农业、国防建设等领域得到广泛应用，人工智能核心产业规模超过 4000 亿元，带动相关产业规模超过 5 万亿元。

第三步，到 2030 年人工智能理论、技术与应用总体达到世界领先水平，成为世界主要人工智能创新中心。人工智能在生产生活、社会治理、国防建设各方面应用的广度深度极大拓展。人工智能核心产业规模超过 1 万亿元，带动相关产业规模超过 10 万亿元。

资料来源：《国务院关于印发新一代人工智能发展规划的通知》（国发〔2017〕35 号），2017 年 7 月 20 日发布。

第四节 资本深化对就业的影响

技术进步会促进资本深化，分为两个阶段：第一个阶段，技术进步首先在局部地区的少数行业、企业发生，提高这些行业、企业的资本技术构成和资本有机构成；第二个阶段，技术进步保持稳定，但通过学习引进、消化吸收、改革创新，技术进步的正外部性开始发挥，其他地区的同类行业企业以及不同类型的行业企业都从中受益，社会整体的资本有机构成和技术构成都得以提高。资本有机构成的提高会对就业产生影响。

一 资本深化影响就业的原理

（一）第一种影响

在技术进步的推动下，资本技术构成提高，劳动生产率相应提高，同样的生产规模需要的劳动力数量减少，从而对就业产生压力。如果资本技术构成提高的速度高于市场扩张的速度，部分劳动力就有被挤出市场的危险。由于资本技术构成有持续提高的趋势，而如前文所述，市场扩张有边界，长期来看，资本技术构成提高将对就业产生不利影响。

（二）第二种影响

资本深化对就业的第二种影响，源于资本边际收益递减与劳动力成本上升的矛盾。

从全社会看，资本深化的结果，是资本要素相对于劳动要素越来越丰富，那么，在技术不变的情况下，资本边际收益递减。凯恩斯给出了资本边际收益递减的两大原因。

首先，资本品的供给价格会由于投资的不断增加而上升，即使在产品和服务的预期收益不变的情况下，投资的预期收益率即资本边际收益也会下降。

其次，产品和服务的预期收益也会下降。原因在于，投资的不断增加会使全社会的产品和服务的数量增加，在社会需求规模不变或增速低于社会供给的增速时，产品和服务的价格会下降，预期收益也跟着下降。

在上述两个因素共同作用下，资本边际收益随着资本的增加而呈递减趋势。

同时，劳动力成本在政府干预、社会保障发展、劳动力短缺等因素影响下不断提高。相对于资本的价格，劳动力的价格在上升。

资本边际收益递减和劳动力价格上升，会不断挤压企业的利润率。为了克服资本边际收益递减的不利影响，必须追求更快的技术进步，获得高于市场的平均生产率。在这个过程中，投资继续增加，资本技术构成继续提高，对劳动力的需求进一步减少。

二 资本深化影响就业的实例：中国的实践

技术进步引起资本深化，资本深化使资本总的就业弹性降低，三次产业之间资本深化的程度不同，也会引起三次产业间就业结构的变动。

在重化工业优先发展战略、资本偏向型技术进步、政府主导与市场主导的二元资源配置模式、金融管制造成的资本价格扭曲、工业化发展处于特殊阶段、"引进模仿"的产业发展战略等诸多因素持续作用之下，中国经济具有明显的资本密集型特征。投资率不断上升，从 1995 年的 32.64% 上升到 2014 年的 79.51%（见图 2 - 14），年均增长 4.8%。受此作用，就业人口人均资本量（以 1995 年不变价格计算）也从 1995 年的 14566.65 元上升到 2014 年的 392922.5 元，年均增长 18.94%，高于同期的 GDP 增长率。

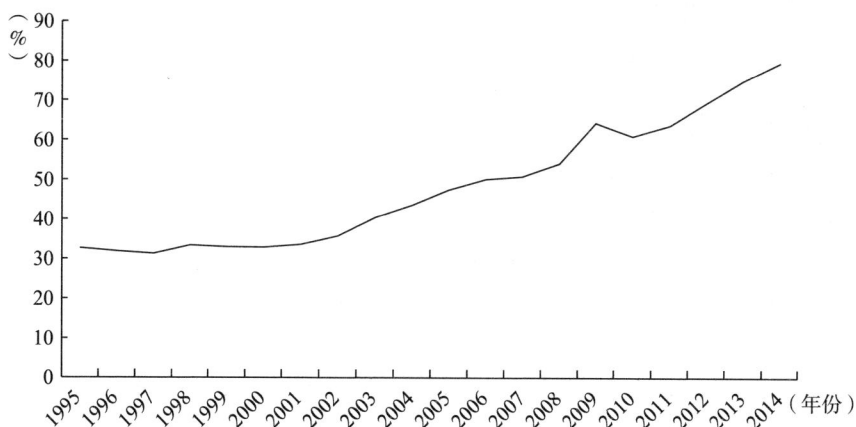

图 2 - 14 中国投资率变化情况 (1995 ~ 2014 年)

资料来源：根据国家统计局网站提供的数据计算得到。

    然而，随着就业人口人均资本量的增长即资本深化，资本吸纳就业的能力逐渐减弱，资本就业弹性从 1996 年的 0.109 下降到 2014 年的 0.022（见图 2 - 15）。增加投资虽然能够促进就业绝对数量的增长，但就业的增长速度相对放缓，与每年规模庞大的就业需求相比，就业岗位是不足的，从而出现一年一度的就业难的局面。

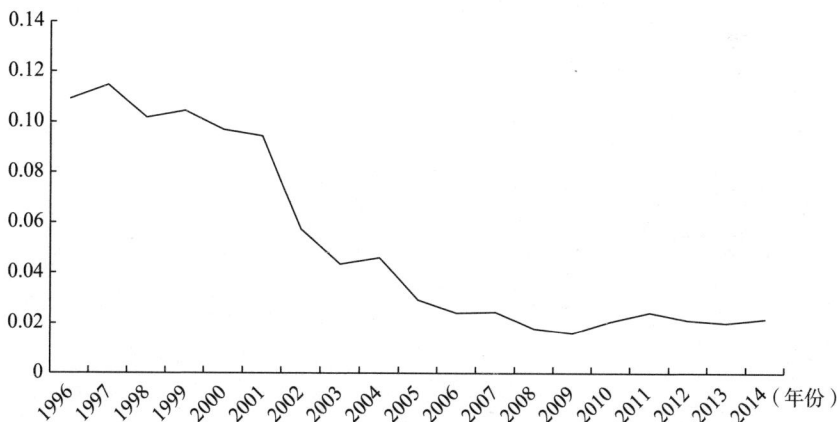

图 2 - 15 资本的就业弹性变化情况 (1995 ~ 2014 年)

资料来源：根据国家统计局网站提供的数据计算得到。

资本深化对就业结构的影响，可以用三次产业资本的就业弹性来表示。2006 年至 2014 年，第一产业资本的就业弹性一直为负，由 - 0.24 下降到 - 0.25，其中 2011 年最低，为 - 0.45；第二产业资本的就业弹性持续下降，由 0.26 下降到 - 0.02；而第三产业资本的就业弹性却由 0.13 上升到 0.36（见表 2 - 3）。

表 2 - 3   三次产业的资本就业弹性变化情况（2006 ~ 2014 年）

	第一产业资本的就业弹性	第二产业资本的就业弹性	第三产业资本的就业弹性
2006 年	- 0.24	0.26	0.13
2007 年	- 0.16	0.26	0.05
2008 年	- 0.05	0.07	0.11
2009 年	- 0.10	0.10	0.09
2010 年	- 0.22	0.16	0.53
2011 年	- 0.45	0.26	0.10
2012 年	- 0.12	0.16	0.07
2013 年	- 0.28	- 0.02	0.35
2014 年	- 0.25	- 0.02	0.36

资料来源：根据国家统计局网站提供的三次产业固定资产投资和就业数据计算得到。

可见，第二产业资本已经出现挤出劳动力的苗头，而第三产业由于以劳动密集型为主，则有较大的吸收劳动力就业的空间。但将来，第三产业的很多行业也要技术升级和智能化，它的就业弹性也会衰减甚至为负，有可能出现全行业资本就业弹性为负的局面。

第三章 技术进步、就业变化对收入分配的影响

在市场经济中，各种生产要素依稀缺程度和产出贡献来获得收入。而技术进步会改变资本与劳动的稀缺程度。技术推动下的资本将越来越少地雇佣劳动，越来越多地雇佣资本本身，其结果是在国民收入初次分配当中，资本收入比重上升，劳动收入比重下降。同时，资本变得越来越"势利"，它对劳动者的素质要求越来越高，需要的劳动者人数相对越来越少，而将广大普通劳动者拒于社会生产的大门之外，从而造成劳动者内部收入差距扩大。

本章首先结合新古典经济学和马克思经济学的有关理论来论述技术进步和资本深化影响国民收入分配的基本原理；其次，通过大量详实的数据论证世界上主要发达国家资本、劳动及政府收入变动情况，得到劳动收入占比下降、资本收入占比上升的一般结论，并选取"德国正在衰败的中产阶级"和"南非马里卡纳凿岩工人的牺牲"两个案例，来说明技术进步冲击下劳动者的不利地位；最后，考察中国的情况，得到相同的结论，并分析了 2012 年中国劳动者收入短暂上升的原因，认为这不并能彻底改变劳动者收入份额下降的趋势。

第一节 基本原理

市场经济中，在无政府干预的初次分配过程中，各种生产要素

依稀缺程度和产出贡献来获得收入。通常生产要素的稀缺程度越高、对社会产出的贡献越大，其获得的收入份额就越多。技术是当今时代最稀缺的经济资源，它会改变资本与劳动的稀缺程度。由于技术进步总体是资本偏向和技能偏向的，技术最终也会转化为资本，宏观上表现为产业不断升级，整个社会生产呈现资本不断深化的趋势。而资本深化，特别是今后工业和生产性服务业的资本深化，往往是技术进步不断推动的结果，表现为用工业机器人、智能机器人取代劳动力。技术进步也推动各行各业的组织和流程再造和优化，减少劳动力的使用。这些都使技术和资本获得的收入份额越来越多。资本越来越少地雇佣劳动，越来越多地雇佣资本本身。生产要素结构的改变将直接决定收入分配结构的改变，其结果是在国民收入初次分配当中，资本收入比重上升，劳动收入比重下降。

同时，由于技术进步推动下的资本日益变得"势利"，它对劳动者的素质要求越来越高，需要的劳动者人数相对越来越少，而将广大普通劳动者或拒于社会生产的大门之外，或排挤到某些劳动密集型或技术水平较低的行业、企业。规模越来越庞大的产业后备军使得劳动力市场竞争更加激烈，这将压低这些劳动者的整体工资水平，从而使劳动者内部的收入差距扩大，形成"马太效应"。

用马克思的资本技术构成和资本有机构成理论来解释，技术进步引起资本的技术构成提高和资本深化（表现为单个劳动推动更多的资本），这将会提高社会生产效率，缩短"生产某种商品的社会必要劳动时间"；并且通过行业的组织和流程的再造和优化，缩短"销售商品的社会必要劳动时间"，从而降低商品的价值，也就降低了劳动力再生产所需商品的价值，表现为劳动力价值的下降，即劳动收入份额的降低。① 资本不仅替代劳动，也通过降低劳动力再生产的成

---

① 当然，这样的解释是有条件的，即没有外部力量的介入，如工会和政府的干预。现实当中，政府和工会会从保护劳动者权益出发干预工资水平，如我国的最低工资标准制度。

本，使留在生产过程中的劳动越来越便宜。当然，如果政府或社会组织干预劳动力的价格，在技术进步的帮助下，资本会寻求一切替代劳动的方法和机会。政府或社会组织干预的力度越强，资本替代劳动的速度可能就越快。

第二节　国际收入分配情况

本节着重考察世界主要发达国家国民收入分配情况，通过综合分析和典型案例剖析，描绘资本与劳动、劳动者内部的收入分配结构变化，以及政府收入份额的变化，以期获得一般性的结论。

一　国际收入分配的整体状况

（一）资本和劳动的收入分配状况

世界范围内很多发达国家的劳动收入份额都呈下降趋势，劳动收入分配差距也呈扩大趋势。先看一组数据：

从资本收入份额看，即使是在财富分配最平等的社会（如20世纪七八十年代的斯堪的纳维亚国家），最富裕人群占有国民财富的比例仍高达约50%，如果这部分群体如实申报财富数量的话，这一比例可以达到50%～60%。2010年以来，在大多数欧洲国家，尤其是在法国、德国、英国和意大利，最富裕的人群（10%）占有国民财富的比例约为60%。在这些国家里，最贫穷的人群（50%）占有的国民财富低于10%，一般不超过5%，几乎是一无所有。在法国，最富裕的人群（10%）占有总财富的62%，而最贫穷的人群（50%）只占有总财富的4%；在美国，最富裕的人群占有总财富的72%，最贫穷的人群只占有总财富的2%。①

----

① 托马斯·皮凯蒂：《21世纪资本论》，巴曙松等译，中信出版社，2014，第261～262页。

从劳动者收入分配结构看，在劳动收入分配最平等的国家（如
20 世纪 70～90 年代的斯堪的纳维亚国家），收入最高的人群（10%）
的工资占比为 20%，收入最低的人群（50%）的工资占比约为
35%；在劳动收入不平等程度处于平均水平的国家，如法国和德
国，两者的比例分别为 25%～30% 和 30%；在劳动收入分配最不
平衡的国家，如美国，两者的比例分别为 35% 和 25%。[①] 1980～
2010 年，美国、英国、日本、德国、瑞典、丹麦等发达国家前 1%
的人群的收入占国民收入的比重都在提高，尽管幅度有大有小：美
国从 8% 提高到 20%，日本从 7% 提高到 9%，德国从 9% 提高到
11%，瑞典从 4% 提高到 7%，丹麦从 5% 提高到 7%，英国从 6%
提高到 15%。[②]

国际劳工组织也指出，2008 年美国次贷危机爆发之前，包括亚
洲国家在内的许多国家在劳动生产率不断提高的同时，工资水平却
长期停滞不前，导致收入分配问题恶化，居民只能借钱消费。

对于收入分配结构的这种变化，很多研究从产业结构演进、劳
资谈判力量对比等方面进行解释，技术进步的影响也受到越来越多
的关注。由于技术进步可以通过改变生产要素的边际产出而改变要
素收入分配结构，故而不少学者利用实证方法研究技术进步的偏向
性对收入分配结构的影响。如 Bentolila 和 Saint-Paul 利用 OECD 12 个
国家 13 个产业 1972～1993 年的面板数据进行回归分析，结果发现资本
偏向型的技术进步降低了劳动收入份额。[③] Guscina 用 18 个工业化国家
1960～2000 年的数据，得出了相似的结论。[④]

① 托马斯·皮凯蒂：《21 世纪资本论》，巴曙松等译，中信出版社，2014，第 299～230 页。
② 托马斯·皮凯蒂：《21 世纪资本论》，巴曙松等译，中信出版社，2014，第 323～324 页。
③ Bentolila and Saint-Paul, "Explaining Movements in the Labor Share", *B. E. Journal of Macroeconomics*, 2003, 3 (1).
④ Guscina, A., "Effects of Globalization on Labor's Share in National Income", *IMF Working Paper*, 2006 (294).

　　本书选择美国、英国、德国、日本等①已经步入后工业化时代的发达国家为研究对象。这些国家法律制度比较完善，社会组织和工会组织发达，很少进行大的经济、政治和社会变革。如果这些国家同时出现劳动收入份额下降、收入差距扩大的现象，那就意味着背后的力量主要不是来自外部环境变化产生的冲击，而是源于具有共性的内生性力量。而就力量的来源而言，劳动者不会主动降低自己的收入份额，能够作出解释的只有资本和技术力量的变化。

　　就劳动收入占比情况看，很多发达国家如美国、英国、德国、日本、以色列等，雇员报酬（Compensation of Employees）占总增加值（Gross Value Added，GVA）的比重总体呈下降趋势（见表3－1）。如2000年至2013年，美国这一比例从60.93%下降到56.48%，英国从58.70%下降到56.45%，日本从52.94%下降到52.02%，德国从58.69%下降到56.30%。需要说明的是，雇员报酬包括企业为员工提供的福利和社会保险等支出。若是单纯的工资性收入，上述比值还会降低。

表3－1　部分国家（地区）雇员报酬占总增加值的比重

单位：%

国家 （地区）＼年份	2000	2001	2002	2003	2004	2005	2006	2007	2008	2009	2010	2011	2012	2013
澳大利亚	53.79	52.91	53.03	52.53	52.51	51.93	51.99	52.20	50.27	50.91	50.77	51.23	51.54	50.96
奥地利	54.34	53.70	53.27	53.30	52.39	51.79	51.34	50.88	51.80	53.47	52.95	52.52	53.33	53.75
比利时	55.76	56.86	57.14	56.56	55.32	54.89	54.91	54.84	56.26	57.46	56.11	56.42	57.19	57.54

────────────

　　① 根据现有的研究资料看，这些国家当中，有些国家资本不断深化，如美国；有些国家资本深化过程中有波动，如日本。但无论如何，这些国家都处于技术进步当中。受数据资料的限制，本书未能将技术进步和资本深化对劳动收入份额的影响区分开来。

续表

年份 国家 （地区）	2000	2001	2002	2003	2004	2005	2006	2007	2008	2009	2010	2011	2012	2013
加拿大	53.53	53.80	54.06	53.50	53.13	52.70	53.38	53.36	52.65	55.19	53.66			
智利	43.77	43.79	43.57	42.48	39.85	38.26	34.78	35.20	39.74	41.14	39.28	40.59	42.33	43.64
捷克	42.21	42.17	43.28	43.57	43.72	44.05	43.68	43.57	44.33	44.15	44.35	44.70	45.72	45.81
丹麦	57.94	59.00	59.60	59.97	59.12	59.41	59.41	61.18	61.62	64.03	61.51	61.16	60.88	61.01
爱沙尼亚	50.59	49.89	49.77	49.69	49.77	49.46	49.77	51.59	55.96	58.16	54.04	51.02	51.30	51.73
芬兰	53.32	52.84	53.29	53.66	53.28	54.16	54.32	52.73	53.99	57.43	56.47	56.81	58.17	58.01
法国	56.37	56.49	56.92	57.03	56.59	56.73	56.76	56.10	56.24	57.80	57.76	57.80	58.31	58.28
德国	58.69	57.75	57.29	57.17	55.81	55.04	53.82	52.94	53.86	56.44	55.22	55.08	56.13	56.30
希腊	34.59	34.62	37.07	37.04	36.70	38.18	37.85	38.21	38.79	39.96	41.14	40.27	39.11	37.08
匈牙利	50.88	50.75	49.83	51.91	51.58	51.93	51.00	51.84	51.81	51.87	50.43	49.93	50.68	49.90
冰岛	63.76	60.96	61.75	63.65	63.56	66.01	68.96	67.67	62.01	53.69	54.91	56.90	58.73	59.09
爱尔兰	43.18	42.92	41.49	42.08	43.06	44.31	44.71	45.49	48.73	48.80	45.18	42.70	42.43	41.68
以色列	53.86	55.37	53.97	52.75	51.66	51.65	52.31	52.46	53.09	50.95	51.13	51.28	50.49	
意大利	41.24	41.19	41.60	41.83	41.70	42.35	42.85	42.67	43.37	44.63	44.47	44.27	44.37	44.11
日本	52.94	53.34	52.41	51.51	50.56	50.71	50.77	49.99	51.46	52.03	50.85	52.26	52.00	52.02
韩国	45.70	46.41	46.43	47.35	47.10	48.36	48.92	48.62	48.48	47.96	46.84	47.14	47.89	48.30
卢森堡	50.74	54.54	55.58	54.92	54.95	54.74	52.37	52.04	54.63	58.31	55.36	54.55	55.20	54.55
墨西哥	31.25	32.33	32.12	31.68	30.14	29.79	28.99	28.79	28.57	29.99	28.76	27.98	27.97	28.57
荷兰	56.17	56.14	56.63	56.73	55.75	54.44	53.13	53.14	53.84	56.29	54.68	54.87	55.29	55.16
新西兰	43.12	43.11	43.84	44.18	44.79	45.98	46.94	46.90	48.87	48.02	47.85	47.89		
挪威	48.05	49.08	51.59	50.87	48.42	45.88	45.01	47.41	46.36	51.62	49.91	49.06	49.26	50.40
波兰	46.46	47.35	45.55	44.47	41.84	41.87	41.63	41.74	44.14	42.29	43.00	42.11	41.96	42.07
葡萄牙	54.92	54.89	54.83	54.87	54.27	55.04	54.22	53.24	53.61	53.78	53.59	52.91	51.10	50.93
斯洛伐克	44.99	43.29	43.25	42.42	40.32	41.03	39.75	39.15	38.95	41.31	40.57	40.79	40.51	40.69
斯洛文尼亚	57.75	57.99	57.25	56.78	56.89	56.91	56.43	55.87	57.04	59.39	60.22	58.93	59.23	58.34
西班牙	53.43	53.05	52.86	53.08	52.99	53.23	53.46	53.71	54.58	54.58	54.70	53.98	52.09	51.70

续表

年份 国家 （地区）	2000	2001	2002	2003	2004	2005	2006	2007	2008	2009	2010	2011	2012	2013
瑞典	50.92	52.33	52.29	51.93	51.12	51.16	50.24	50.87	51.87	53.75	51.72	52.52	54.10	54.40
瑞士	58.23	59.94	61.44	61.05	59.50	59.14	58.05	57.38	57.81	60.11	58.67	59.74	60.53	60.88
土耳其														
英国	58.70	60.15	59.09	58.35	58.61	57.81	58.33	58.67	57.81	58.96	58.61	57.57	57.21	56.45
美国	60.93	60.82	59.96	59.27	58.90	58.08	58.18	58.59	58.93	57.96	57.08	57.18	57.12	56.48
欧元区	53.21	52.86	52.86	52.82	52.12	52.05	51.72	51.31	52.08	53.71	53.16	52.99	53.28	53.23
巴西	45.45	46.47	45.61	44.79	44.97	45.80	46.54	46.76	47.53	49.11	48.98	49.66		
中国	52.70	52.51	53.62	52.81	50.60	50.30	49.10	48.00	47.79	48.83	47.33	46.81	49.20	
印度					30.25	29.14	27.83	27.74	29.59	29.98				
印度尼西亚														
俄罗斯	45.87	49.21	52.93	53.63	52.80	51.16	52.16	54.51	55.59	60.33	57.43	58.18	58.93	60.23
南非	51.79	50.16	47.88	48.38	48.34	48.21	47.99	47.63	47.76	48.58	49.49	49.84	50.14	50.76

注：GVA - 生产税收 - 生产补贴 = GDP。

资料来源：OECD 2015 年发布的年度报告（*National Accounts at a Glance*），部分数据缺失。

即使像法国这样雇员报酬占 GVA 比重在 2000 年至 2013 年呈上升趋势的国家，若单独计算工资收入占 GDP 的比重，与美国、日本、德国、英国一样，也是呈下降趋势（见图 3 - 1）。[①]

以上分析说明，在世界上主要发达国家，无论是雇员报酬占 GVA 的比重，还是工资收入占 GDP 的比重都呈下降趋势。这意味着，在初次收入分配环节，劳动收入占比总体呈下降趋势。

从劳动者收入分配内部结构看，世界银行、OECD 统计局提供的

[①] 需要说明的是，由于数据获得方面的困难，计算过程中，各年工资数据用的是 2015 年美元购买力不变价格，而各年 GDP 数据用的是 2013 年美元购买力不变价格，故比值普遍偏大，不具有定量分析的意义，只具有定性分析的意义，用来观察工资占 GDP 比重的变化趋势。

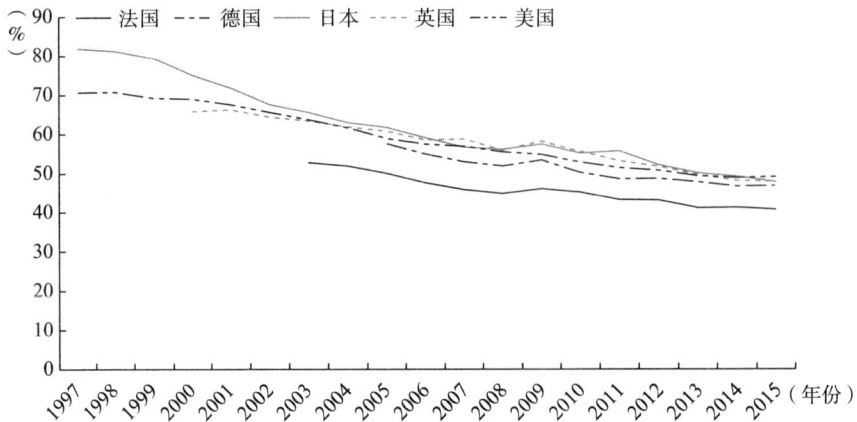

图 3 - 1　部分发达国家工资占 GDP 的比重

资料来源：根据 OECD 官方网站提供的数据以及 OECD 2015 年发布的年度报告（*National Accounts at a Glance*）提供的数据计算得到。

数据表明，这些国家基尼系数都呈增长趋势，而且基尼系数的增长恰好发生在高新技术快速发展的"新经济时代"。库兹涅茨曾预言技术进步将缩小收入分配差距，事实恰好相反，技术进步不但没有缩小收入差距，反而将其扩大，而且在一些国家呈加速态势（见表 3 - 2、表 3 - 3）。典型如美国。1950 年至 1990 年的 40 年间，美国的基尼系数从 0.388 上升到 0.428，年均增长 0.1%；而新经济开始后，1990 年至 1998 年的 8 年时间里，基尼系数快速上升，从 0.428 上升到 0.456，年均增长 0.35%。[①]

表 3 - 2　OECD 部分国家基尼系数

	1980 年代中期	2000 年代后期			
		税后基尼系数			税前基尼系数
			18 ~ 65 岁	65 岁以上	
OECD 平均		0.314	0.311	0.299	0.457
美国	0.337	0.378	0.37	0.386	0.486

---

① 纪玉山等：《技术进步与居民收入分配差距》，《当代经济研究》2005 年第 5 期，第 56 页。

续表

	1980 年代中期	2000 年代后期			税前基尼系数
		税后基尼系数			
			18~65 岁	65 岁以上	
英国	0.286	0.345	0.345	0.279	0.506
德国	0.251	0.295	0.3	0.284	0.504
法国	0.3	0.293	0.292	0.291	0.483
意大利	0.309	0.337	0.334	0.321	0.534
加拿大	0.291	0.328	0.328	0.28	0.441
日本	0.304	0.329	0.323	0.348	0.462
西班牙	0.302	0.313	0.313	0.286	0.521
葡萄牙		0.353	0.347	0.344	0.436
希腊	0.336	0.307	0.307	0.296	0.814
土耳其	0.434	0.409	0.403	0.399	0.47
墨西哥	0.452	0.476	0.469	0.524	0.494
智利		0.494	0.496	0.474	0.526

资料来源：OECD 统计局数据库。

表 3-3　欧盟部分国家基尼系数

	2000 年	2005 年	2009 年	2010 年	2011 年
欧盟 27 国		0.306	0.304	0.305	0.307
欧元区 17 国		0.292	0.301	0.302	0.305
欧元区 15 国	0.29	0.299	0.304	0.305	0.308
英国	0.32	0.346	0.324	0.33	0.33
德国	0.25	0.261	0.291	0.293	0.29
法国	0.28	0.277	0.299	0.298	0.308
意大利	0.29	0.328	0.315	0.312	0.319
西班牙	0.32	0.318	0.323	0.339	0.34
葡萄牙	0.36	0.381	0.354	0.337	0.342
希腊	0.33	0.332	0.331	0.329	0.336

资料来源：欧盟统计局数据库。

（二）政府收入变化情况

在资本收入份额上升、劳动收入份额下降的同时，政府的收入有何变化呢？

从 OECD 国家整体情况看，财政一般预算收入占 GDP 的比重总体呈上升趋势。分国家看，1970～2015 年，美国财政一般预算收入占 GDP 的比重由 29.74% 上升到 33.52%；1978～2015 年，法国这一比重由 43.16% 上升到 53.11%；2005～2015 年，日本这一比重由 31.11% 上升到 35.85%；1990～2015 年，英国这一比重由 36.96% 上升到 38.52%（见图 3-2）。

财政一般预算收入份额为什么会上升呢？

一般预算收入主要有两大用途：一是用于购买政府为国民提供的商品和劳务，二是转移支付。财政收入份额上升意味着财政这两方面的责任在增加，用扩大财政收入的方式来纠正收入分配结构失衡。

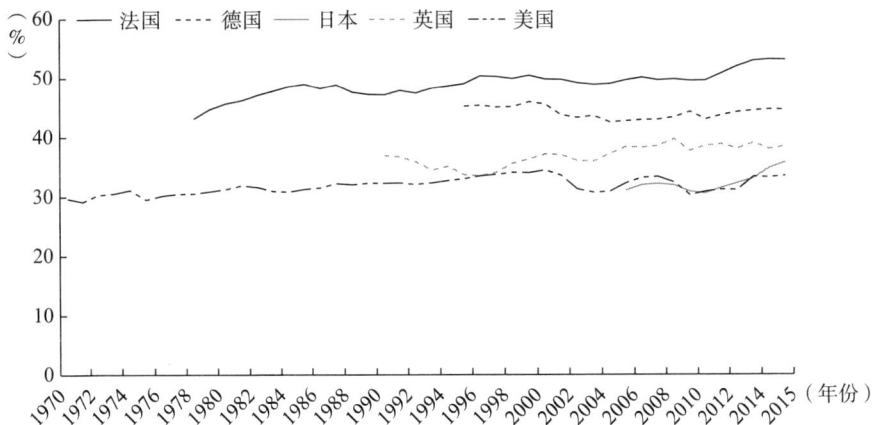

图 3-2 部分国家财政一般预算收入占 GDP 的比重

资料来源：根据 OECD 网站提供的数据计算得到。

从税收预算也可以看出政府掌握的经济资源在增多。1965～2015 年，OECD 国家平均税收预算收入占 GDP 的比重从 24.8% 增加到

34.27%（见图 3 - 3）。

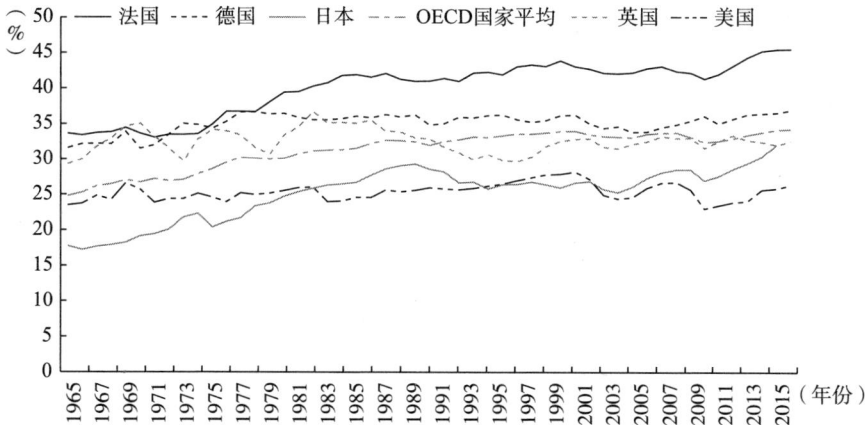

图 3 - 3 OECD 部分国家税收预算收入占 GDP 的比重

注：税收预算内容包括收入和收益税、社会保障缴费、商品和服务税、工资税、财产税及财产转让税等。

资料来源：根据 OECD 网站提供的数据计算得到。

综上，可以发现一个有趣的现象：在生产性领域，无论是主张"大政府"的法国和德国，还是主张"小政府"的美国和英国，它们在非生产领域都越来越多地扮演"大政府"的角色。无论政府愿不愿意，都需要通过集中经济资源来对经济社会进行适当的干预，以减轻资本的破坏性后果。

二 德国案例：正在衰败的中产阶级

制造业是一国竞争力的核心，是一国就业最深厚的支撑力量。就连擅长操纵虚拟经济的美国，面对国际竞争和国内就业压力，也提出要重新振兴制造业。中国也制定了《中国制造 2025》，正在向制造业强国行进。德国是制造业强国，德国走过的和正在走的路能够给我们诸多启示。因此，德国的案例值得我们认真研究。

在德国，"只要你成为制造业工人，你就拿到了中产阶级门票"。德国制造业发达，拥有庞大的中产阶级群体。就是在奉行市场社会主义精神、具有庞大中产阶级群体的德国，其基尼系数也由 1980 年代中期的 0.251 上升到 2000 年代后期的 0.504（税前基尼系数）。在德国，随着工业技术的进步，工业领域就业岗位不断减少，从事服务业的工人人数增多（见图 3-4），但服务业普遍薪酬较少。据统计，1983 年至 2013 年，18 岁至 30 岁的人群当中，中等收入者的比例从 69% 降到 52%。1991 年至 2013 年，德国的低收入、中等偏低收入、中等收入、中等偏高收入和高收入者的比例分别从 20%、10%、60%、8% 和 2%，变化为 21%、12%、54%、9% 和 4%。[①] 另外，观察德国低收入（low pay）和高收入（high pay）人群[②]的结构，也可得到相似的

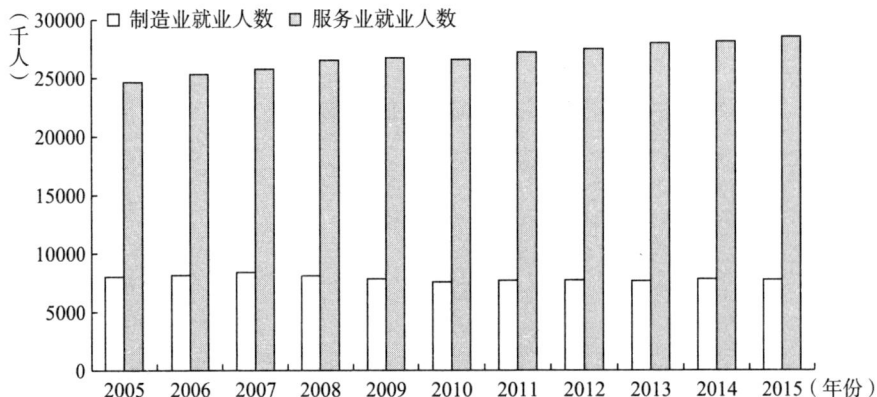

图 3-4　德国制造业和服务业就业情况对比

资料来源：根据 OECD 网站提供的数据计算得到。

结论。1992~1997 年，德国低收入人群和高收入人群比重都在缩小，中等收入人群比重在扩大。1997 年，德国的中等收入人群比重达到最高水平，为 70.17%。然而，1997~2014 年，低收入人群比重总体呈上升趋势，由 13.93% 上升为 18.37%；高收入人群比重也呈扩大趋势，从 15.9% 增长到 19%。受此影响，中等收入人群比重呈下降

① 《就业结构变化　德国中产阶级明显萎缩》，新华网，http://news.xinhuanet.com/world/2016-05/17/c_1118880496.htm，2016 年 5 月 17 日。有意思的是，由于德国政府提供的慷慨的养老金制度，中产阶级当中退休人员数量在增长。由于退休人员的养老金水平很大程度上反映了其在职时的工资水平，这也从侧面说明，随着时间的推移，工人的经济地位是下降的。
② 低收入人群，指工资收入低于工资中位数 2/3 的人群。高收入人群，指工资收入超过工资中位数 1.5 倍的人群。其他人群，指除去以上两类人群后的人群，可近似理解为中等收入人群。

趋势，由 70.17% 降为 62.63% （见图 3 - 5）。不难看出，中产者规模在缩小，社会结构由"橄榄形"逐步向"哑铃形"转变。

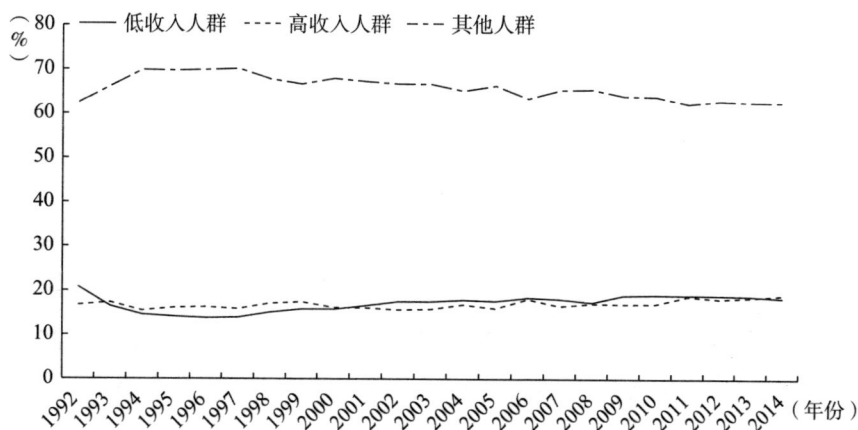

图 3 - 5　德国不同收入人群结构变化情况（1992～2014 年）

资料来源：根据 OECD 网站提供的数据计算得到。

德国中产阶级的衰落和收入差距的扩大不是社会政策变化的结果，原因主要是受到技术进步以及伴随的资本深化的冲击。德国的今天，就是发展中国家和欠发达国家的明天。因为全球化席卷所有国家，要想在激烈的竞争中生存下来，效率、品质缺一不可，而这要依靠持续不断的技术进步。尽管大家都明白过快的技术进步会冲击就业、恶化收入分配结构，但受物竞天择的自然法则指挥，谁都不敢停下来，为一个未卜的前途而奋斗。虽然经济系统的最终崩溃大家都不能幸免，但大家都在争做最后"死亡"的那一个——那一个人、一个企业、一个行业、一个国家。富有讽刺意味的是，如果与这种发展趋势相适应的、用以调节社会关系的大的社会制度变革不能发生，任由这种趋势野蛮生长，人类就是在用智慧辛勤、执着地制造一个终将吞噬自身的庞然大物。

三　南非案例：马里卡纳凿岩工人的牺牲

南非的马里卡纳富藏铂金。随着国际市场上铂金价格不可思议地飙升（从 20 世纪 90 年代末的 1 金衡制盎司 370 美元上涨到 2008 年的 2000 美元），马里卡纳铂金开采业开始蓬勃发展。

凿岩是铂金开采最重要的环节，对工人的体力、技术、经验、勇气有很高的要求。因此，历史上矿主总是给予凿岩工人优厚的待遇，让他们享用特殊厨房供应的肉食，发给他们最高的工资。凿岩工人成为南非的中产阶级。

然而，随着采矿技术的不断发展，凿岩对工人的体力和技术要求逐渐下降，矿主终于取消了凿岩工人的特殊待遇。凿岩工人月薪 4000 兰特，折合 2012 年人民币 3000 元，而平均每人供养的人口为 9 人至 16 人。[1] 这样的工资收入使凿岩工人及其家人挣扎在贫困的边缘。为了提高工资待遇，以凿岩工人为核心的马里卡纳 3000 多名矿工于 2012 年 8 月 16 日举行罢工。罢工遭到南非当局的残酷镇压，矿工死亡 34 人，重伤 70 多人，被捕 250 多人。[2] 虽然隆明公司最终同意提高工资，但凿岩工人为之付出的代价未免太大了。

马里卡纳凿岩工人境况的恶化很大程度上是采矿技术进步的结果。在技术尚不发达时，矿工的体力、技术、经验、勇气是铂金采掘的核心要素，在劳资谈判中，矿工占据较大的主动权，能为自己争取较好的福利待遇。然而，技术进步改变了劳资双方谈判的筹码，矿主不断压缩矿工的福利空间，以至于矿工无法维持自身及家庭的"劳动力再生产"，蜷居在矿区内卫生条件极差的铁皮房里。

难道没有工会站出来为工人维权吗？

南非种族隔离之前的工会根植于草根阶层，工人选举各级工会领袖，工会领袖平时不脱离生产，遇事积极为工人维权。但时间久了，工会内部科层制生长、官僚主义泛滥，再加上资本的拉拢腐蚀（工会高官逾百万兰特的年薪由资方负担），工会开始为资本家代言，压制工人运

① 蒋晖：《马里卡纳没有来临的春天》，《读书》2017 年第 6 期，第 141 页。
② 蒋晖：《马里卡纳没有来临的春天》，《读书》2017 年第 6 期，第 138 页。

动，甚至为了表示"忠心"，在国家机器未介入之前，先开枪打伤矿工。

抛开资本对工会的侵蚀，技术进步本身就会改变劳资谈判的力量对比。工会的力量来自工人阶层的人数众多、工人阶层的"众志成城、万众一心"以及社会生产对工人的依赖性。而技术进步越来越大规模地用机器替代工人，工人对社会生产的重要性不断下降。^①当一个企业客观上只需要更少的工人时，肯定将不断减少工人的数量，而且企业减员的举动在工人看来也并非企业主蓄意为之，是客观使然，虽然嘴上不说，但心里默认是"合情合理"的。人数上的减少和心理上的"退却"自然会削弱企业工会的力量。而且由于包括工会领袖在内的每个工人都面临随时下岗的危险，为了争取留下来，工人之间由团结走向竞争和分裂，这会加剧工会力量的弱化。如果所有的企业、行业都在讲述同样的故事，那么各个层级工会的力量都将逐步弱化。工人可以憎恨技术进步，可以憎恨机器，但他们改不了潮流和趋势，除非他们对资本的贪婪宣战，通过大的社会制度变革来改变自身的命运。

德国工会以力量强大著称于世。但工会作为上层建筑的一种，必然受经济基础的制约。当技术进步推动下的社会生产在逐步弱化人的主体性的生产地位，不仅减少用工人数，而且瓦解工人以公平正义的名义去据理力争的"心理防线"，试问，德国工会的强大还能维持多久？

第三节　中国收入分配情况

从中国情况看，相关实证研究也证明技术进步和资本深化使劳动收入占比越来越低，劳动者内部的收入差距在拉大。

对于劳动者内部收入分配失衡，姚先国等通过实证研究发现中

---

① 美国前服务者工会主席 Andy Stern 在 *Raising the Floor*（Public Affairs, 2016）一书中提到他目睹了美国产业工会的衰落，而工会的衰落与制造业工作岗位的大量减少有关。

国制造业企业的技术进步呈现技能偏向性，高技能劳动力就业占比和收入占比提高。[①] 王忠的实证研究也表明，技能偏向性技术进步使中国高技能劳动力的工资增速超过低技能劳动力，工资结构呈现宽化现象。[②] 何洁等的研究表明，技术进步导致行业之间与群体之间的收入差距加速扩大，产生"贫者愈贫，富者愈富"的马太效应。[③]

对于资本与劳动收入分配失衡，黄先海等[④]、张杰等[⑤]发现劳动节约型技术进步、资本偏向型技术进步是导致中国制造业劳动收入比重下降的主要原因。丁从明等研究整个劳动收入变化情况，也认为资本偏向型技术进步是现阶段中国劳动收入比重持续下降的重要原因之一。[⑥]董直庆等研究发现中国省际和行业的资本偏向型技术进步使劳动收入占比从 1978 年的近 60% 降至 2010 年的 42%。[⑦]王林辉等研究了资本偏向型技术进步与劳动收入份额之间的关系，认为全国、各地区技术进步均呈现资本偏向型的特征，这在提升资本收入份额的同时将抑制劳动收入份额。而且，劳动收入份额越低，资本偏向型技术进步对其抑制效应越强。[⑧]

鉴于此方面已有大量的实证研究，本书不再重复。本书将通过数据分析直观地观察技术进步、资本深化对收入分配的影响。

---

① 姚先国、周礼等：《技术进步、技能需求与就业结构——基于制造业微观数据的技能偏态性假说检验》，《中国人口科学》2005 年第 5 期，第 47 页。
② 王忠：《技术进步的技能偏向性与工资结构宽化》，《中国劳动经济学》2007 年第 7 期，第 64 页。
③ 何洁、任富东：《技术进步漩涡对我国收入分配的影响分析》，《铜陵学院学报》2010 年第 3 期，第 26 页。
④ 黄先海、徐圣：《中国劳动收入比重下降成因分析——基于劳动节约型技术进步的视角》，《经济研究》2009 年第 7 期，第 34 页。
⑤ 张杰、卜茂亮：《中国制造业部门劳动报酬比重的下降及其动因分析》，《中国工业经济》2012 年第 5 期，第 57 页。
⑥ 丁从明、刘明：《技术选择与劳动收入比重变迁的理论与实证研究》，《中国人口·资源与环境》2013 年第 7 期，第 129 页。
⑦ 董直庆、安佰珊等：《劳动收入占比下降源于技术进步偏向性吗?》，《吉林大学社会科学学报》2013 年第 4 期，第 65 页。
⑧ 王林辉、赵景：《技术进步偏向性及其收入分配效应：来自地区面板数据的分位数回归》，《求是学刊》2015 年第 4 期，第 51 页。

一　劳动者内部收入分配结构

对劳动者内部收入分配结构变化的观察，可用工资中位数与社会平均工资的比值来衡量。如果这一比值减小，说明工资中位数向左移动，意味着中低收入人群规模增大，收入差距拉大；如果这一比值增大，说明工资中位数向右移动，意味着中低收入人群规模减小，收入差距缩小（见图3-6）。

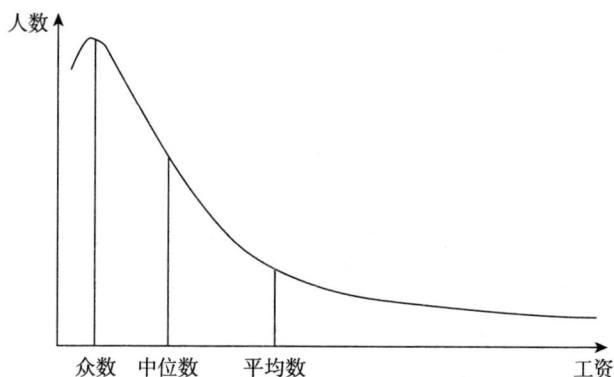

图 3-6　工资分布结构

但由于统计部门没有公布工资中位数数据，只能通过城镇单位职工细分数据、城镇居民人口、就业数据、城镇居民收入等级数据等来近似地计算（见表3-4）。

表 3-4　中国城镇职工工资中位数变化情况

	城镇单位就业人员平均工资（元）	城镇就业人员工资中位数（元）	B/A（%）
2009 年	26050.93	21430	82.26
2010 年	29198.82	23809.91	81.54
2011 年	33530	26504.67	79.05
2012 年	37832.87	30264.28	79.99

注：为便于绘制，本表中城镇单位就业人员平均工资用 A 表示，城镇就业人员工资中位数用 B 表示。

资料来源：根据国家统计局网站提供的就业、工资、居民收入数据计算得到。

受国家统计部门提供的数据限制，目前只能粗略计算 2009 年至 2012 年的工资中位数，故还不能完全观察工资中位数的变动趋势。但在四年当中，城镇就业人员工资中位数与城镇就业人员平均工资的比值在 2009 年至 2011 年连续 3 年是缩小的，即使是 2012 年的比值有所上升，但仍低于 2009 年的水平，这意味着收入差距总体上在扩大。以上计算的结果可能与真实的情况存在较大的出入，但由于选用的数据指标和计算方法是一样的，故而仍能反映工资收入分配结构变动的趋势。而对趋势的理解比对精确数值的追求更加重要。

二 资本与劳动收入结构

国民收入在初次分配中可分解为三类收入，即劳动者收入、企业收入和政府收入。2000 年至 2010 年，中国初次分配过程中，劳动者收入占比总体呈下降趋势，从 53.37% 降至 47.77%[①]；政府收入占比和资本收入占比总体呈上升趋势，其中资本收入占比上升幅度较大，从 34.41% 上升为 39.05% ；政府收入占比上升幅度较小，从

---

① 这里需要说明的是，2012 年以来，劳动者收入占 GDP 的比重呈上升趋势，二、三产业单位就业人员工资总额占二、三产业增加值的比重也呈上升趋势，这与世界范围内劳动者收入份额下降的趋势不尽相符。对此需要分析。劳动者收入占比上升可能是短暂的现象，理由是：第一，住房、教育、医疗等基本生活成本快速上涨推高了劳动力的"生存工资"，"生存工资"的上涨不是劳动生产率提高的结果，它主要与社会制度安排有关。目前国家正在进行相关领域的改革，否则经济难以稳健持续运行。第二，尽管"生存工资"提高，但由于企业转型升级需要资本和时间，故短期内不会因劳动力成本过快上升而过多减少用工数量，而且解雇工人也是有成本的，等经济形势好转时再招募工人会很困难，因此尽管生产不景气，部分企业也会将员工留在企业。第三，为了鼓励企业稳定就业，国家采取"三减一免"、发放企业稳岗补贴等办法帮助企业共渡难关，这些优惠政策带来的利益部分地会进入工资中来，也就是说，工资的一部分来自政府的转移支付。第四，由于以上措施，经济下降期间，就业整体增长，工资增幅下降的幅度低于 GDP 下降的幅度，故劳动收入占比会上升。然而，以上措施都不是长久之策。面对用工成本的上升，企业会选择用机器替代劳动，用工成本压力越大的地区、行业和企业，机器替代劳动的速度就越快。广东、浙江、福建等正在进行的"机器换人"计划就是例证。随着企业转型升级和产业结构转型升级，劳动收入份额长期仍呈下降趋势。

12.22%上升到13.18%（见表3-5、图3-7）。①

表3-5　劳动者、政府、资本的初次收入分配情况

	劳动者收入		政府收入		资本收入	
	初次分配额（亿元）	占比（%）	初次分配额（亿元）	占比（%）	初次分配额（亿元）	占比（%）
2000年	52299.11	53.37	11975.31	12.22	33726.11	34.41
2001年	57600.32	53.30	12968.17	12.00	37499.74	34.70
2002年	64580.17	54.23	14761.76	12.39	39753.77	33.38
2003年	71828.46	53.22	17516.17	12.98	45632.39	33.81
2004年	81065.14	50.84	20608.83	12.92	57779.6	36.24
2005年	93296.87	50.81	23685.68	12.90	66634.86	36.29
2006年	106554.7	49.35	27656.69	12.81	81692.93	37.84
2007年	128108.5	48.08	35304.86	13.25	103008.7	38.66
2008年	150701.7	47.69	39556.34	12.52	125772.3	39.80
2009年	167098.1	49.10	41962.76	12.33	131259.1	38.57
2010年	190968	47.77	52672.59	13.18	156119	39.05
2011年	222528.4		62270.81			
2012年	256676.8		68866.03			
2013年	299072.3		73536.41			

注：劳动者收入用劳动者报酬表示；政府收入用生产税净额表示；资本收入包括企业盈余和折旧。目前，国家统计局尚未提供2000年以前以及2011~2013年的完整数据，故数据区间为2000~2010年。

资料来源：国家统计局网站。

　　造成这种分配格局的重要原因之一是资本深化带来的资本有机构成提高。马克思的资本有机构成理论表明，给定生产要素价格，

① 需要说明的是，这里的资本收入是各类资本所有者的收入，不仅包括企业，还包括个人各种形式的资产性收入。关于企业和劳动者的收入占比情况，全国总工会2010年4月发布的一个调研显示：1997~2007年，劳动者报酬占GDP的比重由53.4%降为39.74%，企业盈余占GDP的比重从21.23%上升到31.29%。参见国家"十二五"纲要解读。

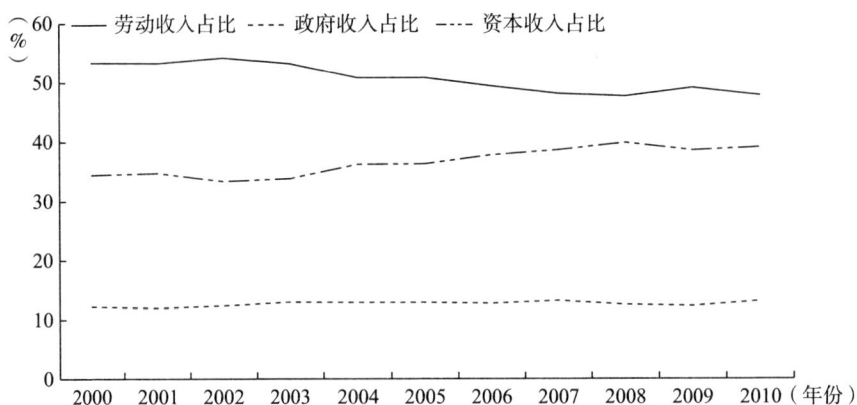

图 3 - 7 劳动者、政府、资本收入在初次收入分配中的比重

资料来源：国家统计局网站。

资本有机构成提高必然使劳动者收入在初次分配中的份额下降。[①] 可以近似地用资本形成总额与城镇就业人员工资总额来观察中国资本有机构成的情况（见图 3 - 8）。计算结果表明，2000 年至 2010 年，中国资本有机构成（以 2000 年为基期计算）从 16.36∶1 提高到 26.25∶1，这说明 C/V 是上升的。因此，资本深化可以部分解释劳动者收入份额下降的原因。

为了验证资本深化对劳动者收入的影响，现在对二者进行计量分析。

数据时间区间选择 2000～2013 年。资本总额采用永续盘存法估算数据（以 1995 年为基年的不变价格计算）。资本深化的程度用人均资本量（资本总额除以就业总人数）表示。劳动者报酬和国内生产总值

---

① 这里讨论生产要素价格变化时劳动者收入占比变化趋势。社会生产总值或国民收入用 C + V + M 表示（其中，C 表示不变资本，V 表示可变资本，M 表示剩余价值），劳动者收入占比为 V/（C + V + M），即 1/（C/V + 1 + M/V）。当 C/V（资本有机构成）提高时，劳动者收入占比下降。那么，M/V（剩余价值率）有没有可能下降呢？在劳动力供不应求时，如果技术进步的速度低于劳动力短缺的速度，劳动者工资可能会上涨，M/V 下降；如果技术进步的速度超过劳动力短缺的速度，M/V 可能会上升。但将来随着技术进步和资本深化，技术和资本变得越来越强势，一方面导致雇佣的劳动力数量相对越来越少，另一方面由于劳动力越来越相对过剩，大量产业"后备军"使工资的增长变得困难。两方面因素的共同作用，使得资本有机构成与剩余价值率有同时提高的趋势，从而，劳动者收入占比有下降的趋势。

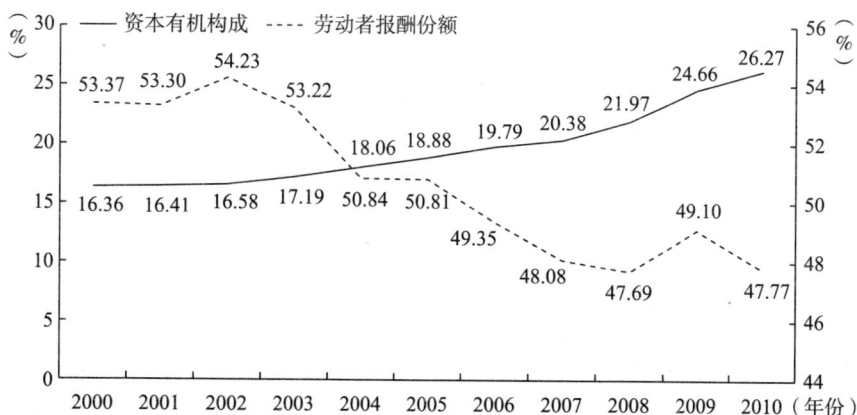

图 3 – 8 资本有机构成与劳动者报酬份额的关系

资料来源：国家统计局网站。

（GDP）数据来自国家统计局网站年度数据。劳动者收入份额 = 劳动者报酬/国内生产总值。验证人均资本量变化与劳动者收入份额变化的关系。人均资本量变化用 ℓn (k) 表示，劳动者收入份额变化用 ℓn (s) 表示。其中，s 为劳动者报酬占 GDP 的比重，k 为人均资本量。

整理计算的数据见表 3 – 6。

表 3 – 6　人均资本量、劳动者收入份额及资本总额变化情况（2000 ～ 2015 年）

	劳动者报酬占 GDP 的比重	人均资本量（元）	劳动者收入份额变化	人均资本量变化
2000 年	0. 5242	23110. 2681	– 0. 6460	10. 0480
2001 年	0. 5224	25278. 8260	– 0. 6494	10. 1377
2002 年	0. 5337	28020. 4777	– 0. 6279	10. 2407
2003 年	0. 5260	31825. 3309	– 0. 6425	10. 3680
2004 年	0. 5044	36515. 2364	– 0. 6844	10. 5055
2005 年	0. 5019	42702. 3875	– 0. 6894	10. 6620
2006 年	0. 4896	50314. 8419	– 0. 7143	10. 8261
2007 年	0. 4780	59481. 7081	– 0. 7382	10. 9934
2008 年	0. 4758	70033. 9095	– 0. 7428	11. 1567

	劳动者报酬占 GDP 的比重	人均资本量（元）	劳动者收入份额变化	人均资本量变化
2009 年	0.4835	84944.8924	−0.7268	11.3498
2010 年	0.4670	99544.1153	−0.7614	11.5084
2011 年	0.4597	116028.1221	−0.7773	11.6616
2012 年	0.4806	135845.7276	−0.7328	11.8193
2013 年	0.5086	159271.5566	−0.6761	11.9784

建立如下回归方程：

$$\ln(s_t) = c + \beta \ln(k_t) + \varepsilon_t$$

由于 $\ln(k)$ 和 $\ln(s)$ 都是时间序列，先做单位根检验，以观察序列是否平稳。经检验，发现二者都是二阶单整。

用最小二乘法得出估计方程：

$$\ln(s_t) = -0.103542c - 0.054546\ln(k_t)$$
$$(-0.651569) \quad (-3.763596)$$

调整 $R^2 = 0.503147$，$F = 14.16466 > 4.75$。检验表明，$\ln(k)$ 和 $\ln(s)$ 整体上线性相关。二者具有显著的负相关关系，即劳动者报酬份额变化与人均资本量变化呈反向关系，当人均资本量增长时，劳动者报酬份额减少。不太理想的地方是 R^2 的值比较小，也就是说，人均资本量的变化只能解释约一半的劳动者收入份额的变化。造成此种情况的原因有以下几点。

第一，统计口径的问题。中国在统计工资收入时，将普通工人、雇主和企业高管的收入都纳入进来。而雇主和企业高管的收入水平比普通工人高，鉴于中国收入分配两极化趋势日趋严重，将这部分人群纳入统计口径，会使绝大多数普通工人的劳动报酬"虚高"或"被增长"，从而使得人均资本量变化对劳动者报酬份额变化的解释力下降。

第二，社会政策的影响。中国有旨在维护劳动者权益的《中华人民共和国劳动合同法》，有最低工资制度，这都抑制了资本蚕食劳动者收入的能力，从而降低了人均资本量变化对劳动者报酬份额变化的解释力。而且，由于国有及国有控股的企业资本量庞大，体制、机制导致其内部产生大量冗员，因此也削弱了解释力。

第三，统计数据缺失的影响。资本深化主要发生在工业和第三产业的生产性服务业，准确评价资本深化应观察这两个领域的资本总量与劳动数据之间的比例关系变动。而国家统计局没有发布这方面的数据，只能用全社会资本形成总额和就业总人数来代替。这有可能会低估资本深化的影响。2015 年，制造业、采矿业、建筑业的就业人数分别比上年净减少 40 万人、15 万人、7000 人，虽然短期内还无法看出趋势的变化，但也可能暗示着一种信号。

三　政府收入份额的变化

2007～2015 年，全国财政收入从 51321.78 亿元增长到 152269.23 亿元，年均增长 14.56%，高于同期国内生产总值年均 12.16% 的增速，造成财政收入占 GDP 的比值从 18.99% 增长到 22.50%。如果加上政府土地出让收入、国有企业未分配利润、预算外收入等，政府收入占 GDP 的比重可达到 30% 左右。[①] 这一时期，虽然中国经济增速由高速增长转入中高速增长，且面临经济结构调整、产业结构升级的巨大压力，但财政收入份额却能扩大，显示了政府调节国民收入的能力。

通过税收来调节国民收入分配是政府的主要行政职能之一。将来在劳动收入份额下降、资本收入份额上升时，政府完全有能力通过提高对资本和技术所得收入的税负来提高财政收入。而且，社会财富分布和收入分配越不平等，政府调节企业和个人过高收入的力度应越大。

---

① 根据国家统计局网站提供的数据计算得到。

通过第二章、第三章的分析，可以总结如下。

资本逐利的本性、人类无限的欲望，始终是驱动科技创新的重要动力。技术进步和资本深化会影响就业和劳动收入，这种影响大致分为两个阶段：第一个阶段，在就业总量增加或不变的基础上改变就业结构。技术和资本对劳动者的知识水平和技能水平要求越来越高，越来越多的普通劳动者以及虽然拥有知识和技能但更新的速度赶不上技术进步速度的劳动者被挤压到狭小的、以劳动密集型为主的产业与行业中来，他们将在那里展开激烈的竞争，其工资水平有下降的压力。受此影响，劳动者内部收入差距将扩大。第二个阶段，随着技术进步及伴随的资本深化在全行业范围内展开，普通劳动力将绝对地过剩，失业人数增加而且成为常态，形成马克思笔下的"产业后备军"，并对普通劳动者收入下降造成压力。而在第一、第二阶段中，技术和资本收入的份额都会呈上升态势。

就业和收入的变化将对社会经济生活产生重大影响，也将迫使各种社会政策作出相应的调整以适应这种变化。社会保障政策作为各国最重要的社会政策之一，与广大社会成员的切身利益休戚相关。研究技术进步冲击下的就业和收入变化如何影响社会保障将是非常重要且有意义的事情。

第四章　就业、收入变化对养老保障的影响

就业是民生之本，也是社会保障之根。没有就业，社会保障便是无源之水、无本之木。技术进步和资本深化影响着就业和国民收入分配，也间接地影响着社会保障。社会保障与就业、收入分配紧密地联结在一起，预测社会保障事业的未来离不开分析就业和收入，而影响就业和收入的主要因素就是技术进步。因此，将技术进步、就业与社会保障放在一起考察，能让我们对未来发展看得更加深远。

本章研究技术进步冲击下的就业和收入变化如何影响养老保障。首先，描述养老保障制度模式分类及其思想渊源，分析各类制度模式的合理性及缺陷。其次，分析以劳动者收入为依据的、权利与义务对等的、现收现付的社会养老保险模式何以成为主流。在此基础上，分析就业和收入变化对社会养老保险制度的影响，主要体现在三个方面：①造成不同类型企业的经济能力与缴费水平、社会担当不匹配。技术、资本密集型企业缴费相对较少（与自身经济能力相比），提供的就业岗位也相对较少；而劳动密集型企业缴费相对较多，提供的就业岗位也相对较多，从而产生缴费负担与企业的经济能力、社会担当不匹配的结果，倒逼劳动密集型企业加快用机器替代劳动的步伐。②造成职工基本养老保险从宏观经济中筹资的能力下降。技术进步、资本深化使技术和资本获得的收入份额越来越多，劳动获得的收入份额越来越少。由于社会养老保险仅以劳动工资为

缴费基数，故而社会新增生产价值中进入缴费范围的部分越来越少，这将弱化社会养老保险制度动员经济资源的能力，降低其调节社会收入分配的能力。③造成社会养老保险从工资总额中的筹资能力下降。技术进步和资本深化会扩大劳动者内部收入分配差距，使得工资中位数不断向坐标轴的左边移动，从而造成低收入者缴费能力逐渐降低，而高收入者更多的工资收入不进入缴费范围。

第一节　基本养老保障的制度模式及思想渊源

基本养老保障制度，即由政府主办的、强制社会成员参加的养老保障制度。世界上现有的基本养老保障制度模式共有三类，各有优缺点。各国选择什么样的基本养老保障制度与本国国情有关，其中主流思想观念起着决定作用。

一　基本养老保障的制度模式分类

基本养老保障制度的功能是为公民老年基本生活所需提供收入来源，通常由政府发起和组织实施。世界上现有的基本养老保障制度模式大致分为三种类型。

一是具有普惠性质的国家福利模式，以英国和北欧国家为代表。政府通过一般税收筹资，向符合条件的本国居民（或满足在本国一定居住年限、工作年限的外国人）发放国民年金。国民年金待遇人人平等，与申请人（受益人）的身份、收入、职业等因素无关。

二是收入关联型的、现收现付的社会保险模式，以德国、美国、法国、日本等为代表。这种模式遵循权利与义务相对等的原则，实行代际供养的财务运作方式；以工资收入为缴费依据，通过雇主和雇员缴费来筹资，所筹资金主要用于退休人员的当期养老金发放。雇员只有履行缴费义务，将来符合年龄要求时才能享受养老金待遇。

养老金待遇水平与雇员的缴费年限、缴费水平挂钩，多缴多得。

三是强制积累模式，以新加坡、马来西亚、智利等为代表。个人和企业分别按个人劳动收入的一定比例向个人账户缴费，所积累的资金通过市场化的投资运营来保值增值。个人账户资金产权归个人所有，但个人账户基金的投资运营风险也由个人承担。个人养老金最终待遇取决于历年缴费金额、投资收益率及退休余命。

二　基本养老保障制度的思想渊源

各国选择何种基本养老保障制度模式取决于本国主流的思想价值观念，但无论何种模式都暗含对公平与效率、权利与义务、政府与市场等基本关系的理解。归纳起来，国际上现有基本养老保障制度的思想渊源主要包括国家干预主义、经济自由主义和居于二者中间的中庸之道。

（一）国家干预主义

基于干预目的的不同，国家干预主义又分为维护社会安全的国家干预主义和调整经济生活的国家干预主义。前者将社会保障制度视为社会改良或改革的一种政策，具有较强的社会性；后者将社会保障制度视为经济政策的组成部分，经济性色彩较浓。从学科分类看，前者被归于社会学的研究范畴，重在解决公平、正义问题；后者则归于经济学的研究范畴，重在解决经济循环问题。

1. 基于维护社会安全的国家干预主义

此种国家干预主义主张国家建立养老保障制度的主要目的是维护社会安全，通过国家干预经济社会生活来改善低收入群体的经济福利状况，实现政治社会稳定。

此种思想观念的逻辑起点是，在社会化大生产和社会分工越来越发达的情况下，贫穷和失业不能简单地归于人的无能或懒惰，而应主要归因于资本主义经济难以调和的基本矛盾以及由此衍生出来的不合理的社会结构。自由放任的市场经济不会自发地维护公序良俗，反而会剥夺人的就业机会和赖以维生的收入。为了防止人的生存环境不断恶化及社会日渐衰败和堕落，应当进行社会改良或改革，以约束市场无限生长的野蛮力量。国家应干预经济社会生活，通过促进就业、调节社会财富、提供社会福利来保障低收入阶层起码的生活条件。这既是社会正义的要求，也是国家存在的意义和应尽的职责。这将有助于缓和社会矛盾，保障社会安全，能够促进国家长期的繁荣、稳定和发展。

历史上维护社会安全的国家干预主义包括以下几种思潮。

（1）社会民主主义

社会民主主义注重社会公平和社会正义，认为理想社会应使福利遍及全体社会成员，使人人得享幸福生活。为了实现理想社会的目标，国家必须担当起干预国家经济社会生活的责任。

（2）德国新历史学派

德国新历史学派通过批判"经济人"的利己主义假设和古典学派的"经济自由主义"，主张国家在经济社会生活当中享有至上的权威。国家应通过自上而下的经济和社会改革，切实担负起"文明和福利"的职责。

（3）国家社会主义

国家社会主义的典型包括德国国家社会主义、英国费边社会主义和法国国家社会主义。

德国国家社会主义主张实行包括社会养老保险在内的社会政策，通过收入再分配来改善工人的生活，缓和阶级矛盾，维护社会秩序。

英国费边社会主义基于平等、自由、民主、协作与人道的基本理念，强调所有公民都应该享有最基本的文明生活的权利，政府有责任和义务采取各种手段来改善国民的社会福利。

法国国家社会主义主张通过国家干预来改善人们的生活，人与人之间应相互帮助，富人有责任帮助穷人，社会所有成员都应享有最低限度的生活资料。

（4）列宁的国家负责理论

该理论认为最好的工人保险是国家保险，国家保险要覆盖一切劳动者及其家属，所有保险费都由国家和企业负担。

19世纪末20世纪初，以德国、英国为代表的不同类型的养老保险制度的建立，以及涉及范围的扩张，都与上述主张维护社会公平（安全）、强调国家干预的思想观念密切相关。德国新历史学派的主张和国家社会主义学说成为俾斯麦政府率先建立强制性社会保险制度的思想基础，并为后来包括中国在内的许多国家社会养老保险制度的建立提供了蓝本。英国费边社会主义对后来英国工党的社会福利政策产生了直接而深远的影响，英国据此建立了《贝弗里奇报告》倡导的"从摇篮到坟墓"的福利国家型养老保险制度。该制度模式迅速被瑞典、挪威、芬兰、法国、意大利等国效仿。

2. 基于调整经济生活的国家干预主义

此种国家干预主义将建立养老保障制度的目的定位于促进社会再生产的顺利进行，但在强调国家干预时并不否定资本主义制度的优越性。

在经历自由放任的经济发展阶段之后，资本主义经济中生产社会化与生产资料日益集中的矛盾白热化，正常的社会再生产活动遭到破坏，20世纪20年代末30年代初西方世界陷入有史以来最严重、范围最广、持续时间最长的经济危机，市场对此却无能为力。于是西方世界开始反思并承认自由市场经济制度存在缺陷，需要政府制定社会福利政策来加以修正，以维护资本主义经济制度。养老保障制度就是其中之一，但它更多地被视为经济政策的组成部分，服从和服务于经济发展的需要。学者们对养老保障制度的关注也开始逐渐从思想观念层面进入经济技术层面，研究养老保险制度与储蓄、消费、经济增长、资本积累等宏观经济变量的关系。

（1）福利经济学

福利经济学认为，根据边际效用递减规律，货币收入的边际效用会递减，因此社会收入差距越大，社会经济的整体福利效用水平将越低。只有当全体社会成员货币收入的边际效用相等时，社会经济福利水平才能最高。因此，国家应主动调节收入分配结构，使之趋于公平。

（2）凯恩斯主义

凯恩斯主义认为，边际消费倾向递减和资本边际效用递减会引起消费需求和投资需求不足，造成失业和经济危机。因此，国家必须通过刺激消费和投资来促进社会再生产的顺利进行。养老保障制度因具有刺激消费进而激励投资的作用而被政府列入国家干预政策的序列。凯恩斯主义直接促成了美国1935年的《社会保障法》的诞生。

（3）经济技术主义

经济技术主义在国家建立养老保障制度的基础上，比较分析不同养老保障制度模式对收入再分配、储蓄、经济增长等方面的影响。

关于对收入再分配的影响，现收现付制对代际和代内都具有再分配功能，基金积累制对代际和代内全无再分配效应。

关于对个人储蓄的影响，现收现付制取决于养老保险产生的"替代效应"与"退休效应"相对力量的强弱，如果前者大于后者，个人储蓄将减少，反之则反是。但经验研究并没有得出一致的结论。基金积累制也会由于未来收益的不确定性而对个人储蓄产生难以捉摸的影响。

关于对经济增长的影响，单纯的现收现付或是基金积累制都不能保证经济沿着最优路径增长。各国应根据本国经济、人口等情况，合理处理积累和消费的关系，选择适当的现收现付与基金积累制的比例结构。

（二）经济自由主义

经济自由主义坚持"自由、民主、平等、人权"等核心价值观，主张自由市场经济，相信人的理性精神，尊重人的选择，倡导机会公平和程序正义，反对国家公权力过度介入私权领域。

经济自由主义的思想基础是，在市场竞争中，具有经济理性的个人能够根据自己掌握的信息来理性决策和行动。因此，应尊重个人的经济自由权利，反对国家干预，国家在与个人有关的经济事务上并不比个人更聪明。在养老保障问题上，经济自由主义认为贫穷与懒惰有关，个人必须通过平衡当期消费和未来消费的关系来对自己的养老负责。而社会养老保险制度是以社会理性代替个人经济理性，会降低劳动积极性和劳动者自我管理养老风险的责任，损害自由竞争和经济效率。经济自由主义在南亚及拉丁美洲一些国家的养老保障中得到实践。

（三）中庸之道

鉴于纯粹的国家干预主义和纯粹的经济自由主义都是一种极端，各有利弊，于是就出现了调和的中庸之道，试图在民主（国家）社会主义和经济自由主义之间摸索一条中间道路，以期在经济社会政策中实现政府与市场、公平与效率、责任与权利之间的平衡。

第二节　社会养老保险模式何以成为主流

比较以上三种基本养老保障模式，国家福利模式的优点是全民覆盖、待遇平等，缺点是保障水平容易超出国民经济和国家财政的负担能力，而且政府要承担无限保障责任，从而使政府背负沉重的经济负担。强制积累模式将养老风险完全交由个人承担，政府不承担任何保障责任。优点是有利于充分调动个人为老年生活而工作、储蓄的积极性，也使政府免于陷入福利陷阱，缺点是社会成员之间不能共担养老风险，个人应对未来养老风险的能力偏弱。社会保险模式强调代际供养、风险共担，缴费与待遇相匹配，兼顾公平与效率，财政只承担补贴和有限兜底责任，能比较好地处理政府、企业和个人之间的权责关系。

因此，世界上很多国家都采用社会保险来作为基本养老保障的制度模式。

国家福利模式适用于经济增速快、人口结构年轻、社会分化程度较低、不太需要通过再分配来调节社会矛盾的国家，这也是英国、澳大利亚等英联邦国家当年选择国家福利模式的主要原因。然而，当国家的经济增速减缓、人口结构老化、社会分化程度提高之后，国家经济实力和财力面对国民年金制度将越来越力不从心。

英国觉醒得比较早。英国经济在 20 世纪 60 ~ 70 年代陷入衰退。为了缩减财政开支，英国于 1978 年实施国家收入关联型养老金计划（SERPS），以分担国民年金的保障压力。从 20 世纪 80 年代始，英国财政用于养老保障的支出水平显著下降。而那些迟迟没有改革国家福利养老金计划的国家最终也难以为继。如希腊政府因过高的养老金福利而背负沉重的债务，被债权国责令削减养老金待遇，却又遭到民众的强烈反对，陷入非常尴尬的境地。

在国家福利模式步履维艰之际，强制积累模式的"典范"国家——智利也陷入巨大危机。2016 年 8 月，百万智利民众走上街头，抗议并誓言要推翻已经运行了 35 年的私人养老金体系，世界银行也担心"智利样本"就此坍塌。究其原因，是因为受金融危机和经济危机影响，市场真实的投资回报远低于预期，再加上人均预期寿命延长，导致退休人员养老金待遇大幅下降。"过去两年间，很多智利退休人员收到的养老金只有最低工资的 30% ~ 40%。"[1] 强制积累模式无法

---

[1] 潘寅茹：《智利养老金如何从典范落得人人诟病》，第一财经网站，http://www.yicai.com/news/5126868.html，2016 年 9 月 29 日。

实现风险共担、无法应对长寿风险的缺点充分暴露出来。

由于国家福利计划和强制积累计划自身的缺陷，从今后的发展趋势看，具有折中性质的社会保险模式将被越来越多的国家作为基本养老保障制度模式。

那么，社会养老保险有没有潜藏的危机呢？答案是肯定的，危机就来自技术进步冲击下就业和收入分配的变化。

第三节　就业和收入变化对社会养老保险制度的冲击

技术进步不断改变着经济结构、产业结构，继而通过就业结构和社会收入分配结构的变化影响每个社会成员的切身利益。从今后的发展趋势看，就业形势变得越来越严峻，就业的"替代效应"逐渐强化，就业的"补偿效应"逐渐减弱，经济增长创造的就业空间越来越小。受此影响，国民财富分配向着有利于资本（技术在市场经济中也会转化为资本）的方向发展，劳动收入结构也呈两极分化趋势，这必然对以就业人群为保障对象、以工资收入为缴费基数的社会养老保险制度产生强烈而持续的冲击。归纳起来，冲击体现在三个方面，即造成不同类型企业的经济能力与缴费能力、社会担当不匹配，社会养老保险从宏观经济中筹资的能力下降，以及社会养老保险从工资总额中的筹资能力下降。第一个方面的冲击将迫使企业加速用机器替代劳动，后两个方面的冲击使得社会养老保险的筹资能力呈收敛趋势，若不及时有效地调整包括就业、社会保障在内的社会政策，将严重制约社会养老保险的健康可持续发展。

一　不同类型企业的经济能力与缴费能力、社会担当不匹配

技术进步、资本深化使企业划分为三种类型，即技术密集型、资本密集型与劳动密集型。相对而言，技术密集型企业和资本密集型企

业雇佣的劳动力数量较少、素质较高、收入较高，劳动密集型企业雇佣的劳动力数量较多、素质较低、收入较低。在信息技术兴起之后，许多高科技公司核心人员数量更是少之又少。举个例子，图片分享软件 Instagram 在价值 10 亿美元、拥有 3000 万用户数量时仅有 13 名员工，而柯达公司当年最多曾雇佣 145000 名员工。[①] 在自动化生产线、智能制造推行之后，企业大幅裁减普通员工数量，提高技能人员数量，但不管怎样，结果都是压缩人工成本，提高企业利润，否则，企业仍会采用传统的生产方式。

以中国为例来进行说明。依中国现行的城镇职工基本养老保险制度，企业按企业就业人员的工资总额来缴费，而判断一个企业的缴费负担大小，不是依据企业缴费的绝对额，而是依据基本养老保险缴费额占企业生产增加值的比重，从更直观一些的角度看，也可以用工资总额占企业生产增加值的比重来衡量。随着技术的快速发展和应用，技术和资本的收入份额上升，技术密集型企业和资本密集型企业的工资总额占企业生产增加值的比重会下降，从而企业的城镇职工基本养老保险缴费负担会相对减轻。而劳动密集型企业由于生产效率较低、市场竞争较为充分，企业生产增加值通常较低，人工成本会占据较大比例，企业缴费负担相对偏重。如果再考虑到技术密集型企业和资本密集型企业的规模通常大于劳动密集型企业（即使工资总额占企业生产增加值的比重相同，前两类企业的技术和资本收入的绝对额也高于劳动密集型企业），那么劳动密集型企业的缴费负担就更重了。

不难发现：技术密集型企业和资本密集型企业盈利能力强，社会养老保险缴费负担却相对较轻；劳动密集型企业盈利能力弱，缴费负担却相对较重。如果再考虑到技术密集型和资本密集型企业对就业的贡献相对较小，劳动密集型企业对就业的贡献相对较大，从

---

① 《技术进步正在这样影响就业》，《创新科技》2014 年第 3 期。

社会担当的角度看，不同类型企业的经济能力和社会保险缴费负担之间的不平衡程度就更严重了。

没有考虑企业盈利能力、就业贡献的社会养老保险筹资制度，在技术进步、资本深化的不断冲击下，等于在逼迫劳动密集型企业加快转型升级步伐，通过引入先进生产技术和设备，优化生产和销售流程，来减少用工需求。这对于像中国这样一个仍处于劳动力素质普遍较低、低端就业量庞大的发展阶段的国家而言绝非上策。

对中国而言，情况还不止如此。中国城镇职工基本养老保险制度规定，企业以职工工资总额为缴费基数，而员工以个人工资为缴费基数（个人缴费基数有一个区间，即社会平均工资的60%～300%，个人工资当中高于社会平均工资3倍的部分不纳入缴费基数，仅以社会平均工资的3倍为缴费基数；个人工资低于社会平均工资的60%时，以社会平均工资的60%为缴费基数），这种缴费结构俗称"双基数"法。现实当中，中国很多地方城镇职工基本养老保险缴费并没有严格采用"双基数"法，而是执行"单基数"，即企业以个人工资总额为缴费基数，而不是以职工工资总额为缴费基数。这就意味着，如果某企业的收入水平整体偏高，多数超过社会平均工资的3倍，那么，与"双基数"相比，如果企业按"单基数"缴费，其负担会大幅下降。举个形象的例子，如果一家企业类似于图片分享软件Instagram公司，仅有13名员工，工资收入水平肯定超过3倍社会平均工资许多；另一家企业类似于柯达公司，雇佣145000名员工，工资水平低于3倍社会平均工资。若都按"单基数"缴费，企业经济能力与缴费负担结构的扭曲程度就一目了然了。而且，现实当中，很多高科技公司员工的薪酬只占很少一部分，大部分收入是股权、期权、资本利得收入，这也会变相地降低此类企业和个人的社会养老保险缴费负担。

另外，随着各国社会保障覆盖面的扩大和保障水平的提高，包括社会养老保险在内的社会保险总的缴费负担在增加，社会保险缴费已经成为企业一项庞大的成本支出。在以追求利润最大化为主要目标的企业看来，面临激烈的市场竞争，这样的用工状态是难以忍受和维持的。只要技术和资本允许，只要社会养老保险的筹资方式不改变，企业就有足够的动力去改变目前的资本技术构成，用资本来替代工人。因为智能机器和自动化生产线不需要缴纳养老、医疗、工伤、生育、失业等各种社会保险费，又能不知疲倦地工作，也能免于各种诉讼纠纷和社会伦理道义方面的指责，企业可以最大限度地减少成本，扩大利润。

二　社会养老保险从宏观经济中筹资的能力下降

技术进步、资本深化使技术和资本（技术也要资本化）获得的收入份额越来越多，劳动获得的收入份额越来越少。由于社会养老保险以劳动工资为缴费基数，故而社会新增生产价值中进入社会养老保险缴费范围的部分越来越少。而在现收现付的社会养老保险制度模式下，如果不考虑社会保险基金累计结余或者通过信用手段（如发行养老保险债券）来筹资等方面的影响，纯粹以当期在职者供养退休者，退休者能够获得的养老金水平取决于社会养老保险能够从当期的国民经济蛋糕中切分的比例：切分的比例越高，待遇水平相对越高；切分的比例越低，待遇水平相对越低。

这里需要明确的是，将社会养老保险制度放在宏观经济背景下分析，养老金待遇水平的高低不应单纯以替代率来衡量。目前的替代率大多是以养老金除以个人退休前工资（或退休前社会平均工资）得到。如 OECD 很多成员国的公共养老金替代率超过 40%（见图 4-1）。然而，用替代率指标评价养老金水平有其局限性。替代率的分母是工资收入，如果社会总收入当中劳动（工资）的收入份额下降了，即使替代率维持不变，由于社会养老保险能够切分的经济蛋糕份额变小了，总体上退休者获得的养老金能达到的经济地位会相应下降。可见，替代率指标在一个劳动收入占国民总收入比例保持稳定甚至提高的经济体中才有意义。

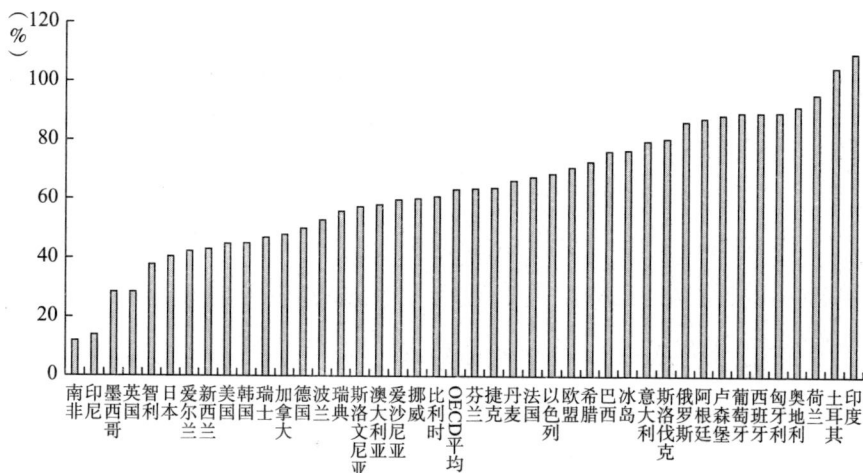

图 4 - 1　部分国家和组织公共养老金替代率（2014 年）

注：替代率 = 净养老金/退休前收入。
资料来源：OECD 网站。

假设经济蛋糕总量为 100，企业缴费率为 20%，当期缴费全部用于当期发放，工作人口与退休人口的相对规模不变，如果劳动收入份额占比从 50% 下降到 40%，则社会养老保险筹资的规模从 10 降到8，退休者获得的养老金占经济总量的比例由 10% 下降为 8%，退休者群体的整体经济地位下降 20%。

从中国的情况看，2000 年至 2010 年，中国初次收入分配过程中，劳动者收入占比总体呈下降趋势，从 53.37% 降至 47.77%。故而，社会养老保险切分的经济蛋糕的实际份额整体上是缩小的，但下降的幅度并不太大，中间年份也有所上升。但是在当今之中国，人工工资快速上涨（多数年份与经济增长率接近甚至高于经济增长率），导致低劳动成本的国际竞争优势减弱，国际投资开始向印度、越南、泰国等周边国家转移，这倒逼产业、企业寻求转型升级，自动化生产线、智能制造开始在越来越多的行业和领域得到应用。由于处于起步阶段，目前它对就业和收入的影响还未清晰显现。但不难想象，在全球竞争日益激烈的压力下，一旦国民经济走上用资本替代劳动的道路，它将难以停歇，且会越走越快。当先进技术层出不穷时，技术进步的影响范围将快速扩大，加上伴随着技术进步的资本快速深化，将会对劳动力产生越来越强的挤出效应，并降低劳动收入份额，从而社会养老保险切分经济蛋糕的能力将快速削弱，对退休者提供的保障水平更加有限。

退休者经济地位的下降会引发不满情绪，民众会质疑社会养老保险制度的有效性，因为人们看待社会养老保障的充足性和公平性从来不是以保障基本生活所需为依据的，它总是以社会比较为判断依据。

因此，技术进步和资本深化会弱化社会养老保险制度动员经济资源的能力，降低其调节社会收入分配的能力。长此以往，社会养老保险制度会逐渐被边缘化，人们对之也越来越缺乏信心和信任。由于失去信心和信任，人们可能会转而采取不合作的态度，如拒绝参保、偷逃缴费等，这会进一步恶化社会养老保险的筹资能力。

三　社会养老保险从工资总额中的筹资能力下降

技术进步和资本深化会扩大劳动者内部收入分配差距，使得工资中位数不断向左边移动。这对以工资收入为缴费基数的社会养老保险是极为不利的。

在中国，城镇职工基本养老保险制度对个人缴费的最低要求是，参保人至少以社会平均工资的 60% 为基数进行缴费。理论上，工资中位数越向左移动，其与社会平均工资的差距越大，低收入人数越多，劳动者群体整体缴费能力越弱。同时，高收入阶层的平均工资水平向右移动，且收入层级越高，人数越少，平均工资水平向右移动越远。

前文已经用数据说明工资中位数有左移的趋势。受此影响，低收入群体以较高的社会平均工资为基数缴费就存在困难。现实当中，部分地区将缴费基数下限下调至社会平均工资的40%，其主要原因是低收入群体缴费困难①（当然其中也难免会有其他因素的影响，如在经济新常态下，地方政府为保障就业而通过降低缴费基数来减轻企业负担，或者地方政府为了招商引资而减轻企业社会保险缴费负担）。同时，在高收入人群当中，工资收入超过社会平均工资3倍的部分不计入缴费基数。受此影响，缴费总额占工资总额的比重就会下降。从中国城镇职工基本养老保险运行的情况看，基金当期征缴收入占职工工资总额的比重呈下降趋势，由2010年的18.99%下降到2014年的16.35%（见表4-1）。尽管造成这一结果的原因还包括逃避缴费、低水平缴费等，如部分地区甚至出现绝大多数人按最低基数缴费的现象，但这主要与工资收入份额相对缩小有关。试想，如果收入条件允许，有谁不愿意为将来储备更多的养老金呢？正是由于劳动密集型企业的缴费负担重，低收入劳动者的比重扩大，企业和个人才不得不选择低水平缴费。

表4-1 城镇职工基本养老保险征缴总收入与工资总额比较（2010~2014年）

	城镇职工工资总额（亿元）	征缴总收入（亿元）	占工资总额的比重(%)	当期征缴收入（亿元）	占工资总额的比重（%）
2010年	47269.9	10067	21.30	8975	18.99
2011年	59954.7	12750	21.27	10893	18.17
2012年	70914.2	15086	21.27	13196	18.61

---

① 对比北京市和天津市就会发现，低收入群体对缴费基数是很敏感的。如北京市缴费基数下限为职工平均工资的40%，按下限缴费的人数约占参保职工总数的42%，而天津的缴费基数下限较高，为职工平均工资的60%，按下限缴费的人数比例由2011年的51%提高到2014年的56%，且灵活就业人员几乎全部按照下限缴费。

	城镇职工工资总额（亿元）	征缴总收入（亿元）	占工资总额的比重（%）	当期征缴收入（亿元）	占工资总额的比重（%）
2013 年	93064.3	17050	18.32	15230	16.37
2014 年	102817.2	18720	18.21	16807	16.35

注：征缴总收入＝当期征缴收入＋补缴收入＋欠缴收入。
资料来源：根据国家统计局网站提供的数据计算得到。

另外，受技术进步和资本深化影响，社会就业会逐步由第二产业向第三产业转移。而从就业的形式看，第二产业正规就业人员占比较大，而第三产业灵活就业人员占比在上升。正规就业人员单位和个人缴费率为 28%，灵活就业人员参加城镇职工基本养老保险的总费率为 20%（其中，12% 进入统筹账户，8% 进入个人账户）。再加上灵活就业人员的收入普遍较低，故灵活就业人员的扩大也会弱化城镇职工基本养老保险的筹资能力。如果考虑到灵活就业人员的养老金待遇计发办法与正规就业人员相同，养老金待遇水平仅与各期缴费水平及缴费年限有关，而与缴费率水平无关，在人口老龄化、高龄化的作用下，平均而言，一生当中，灵活就业人员个人领取的养老金总额现值要远远高于其缴费总额现值，与扩大的支出相比，城镇职工基本养老保险的筹资能力更显得不足。

第五章　中国养老保障制度的应对之策

　　技术进步和资本深化将会不断改变社会生产方式和收入分配方式。经济基础决定上层建筑。经济基础改变了，上层建筑就要做相应的调整。作为一项重要的社会政策，中国的基本养老保障制度也要顺应变化适时调整。当然，深刻改变"三个世界"的技术进步及其应用在中国才刚刚起步，其对社会生产和收入分配的影响还不明显。但资本追逐利润的无时无刻、无穷无尽，劳动力成本的刚性增长，世界市场的激烈竞争，使得资本总有替代劳动的潜在愿望，而"第三世界"与"第一世界"的贯通使这种愿望成为现实，技术和资本对劳动的替代将是一股不可阻挡的潮流，会越来越多、越来越快地发生。古语云"不谋万世者不足谋一时"。当今世界，许多技术已经很先进的发达国家都在积极进行工业再造计划，中国政府也适时推出《中国制造2025》。因此，中国城镇职工基本养老保险制度要立足当前，着眼长远，居安思危，提早谋划，适时适度地进行调整。

　　本章主要研究中国养老保障制度如何应对技术进步的冲击。首先，确立基本养老保险的发展理念。虽然企业职工基本养老保险已历经20余年的发展，但至今社会各界仍对其发展方向存在分歧，主张缩小甚至取消互助共济的"统筹账户"的声音不绝于耳，这等于是在扩大个人养老责任，缩小政府养老责任。这显然是对技术进步影响下的就业和收入分配的严峻形势估计不足，对政府于养老保障应尽的职责认识不清，因此明确社会保险的基本功能、厘清政府与市场的边界至关重要。其次，厘定政府责任。财政要通过对资本和技术的收入征税来弥补对劳动收入征费的不足。再次，适时调整筹资政策。要逐渐加大对资本的征税力度；逐步放开缴费基数下限，使更多的低收入群体进入制度中来；调整计发办法，缴费基数越低，基础养老金统筹的比例越高，由此产生的资金缺口由财政负责补足。最后，构建能够适应未来的养老制度模式，用较长的时间实现由社会养老保险制度向国民年金制度的过渡。国民年金的筹资主要靠征收资本税和个人收入所得税来获得，失业者或收入低于一定水平的人免税。

第一节　中国基本养老保险的发展理念

发展理念关乎基本养老保险制度模式的构建。发展理念不确定，基本养老保险制度就会游移不定，甚至在某个时候改弦更张，就谈不上应对技术进步冲击之政策的有效性和持续性。因此，明确中国基本养老保险（这里指城镇企业职工基本养老保险，下同）的发展理念是首要任务。

的确，在基本养老保险制度改革的方向及政策方法的选择上，社会上出现了明显的分歧。

在基本养老保险制度模式选择方面，有三种大相径庭的观点。第一种观点认为，应坚持公平性和共济性，维持统筹账户和个人账户规模不变（简称"小账户"方案）；第二种观点认为应将单位（工资总额的20%）和个人（工资收入的8%）缴费全部纳入个人账户，实行零统筹的职工基本养老保险制度，完全按效率原则行事（简称"全账户"方案）；第三种观点建议在不改变现行统账结合制度下，扩大个人账户规模（简称"大账户"方案），提高个人账户在养老待遇中的比重，使基本养老保险制度更多地体现效率性。

争论和分歧缘于理念、观念和立场的不同，从根本上反映了世界观、价值观和方法论的差异。面对争论和分歧，需要澄清基本养老保险的发展理念。而在社会公共政策领域，基本理念是社会各方面或各类群体的世界观的集中反映，是内生于社会的、被社会成员所认同并自觉遵守的价值观。基本理念贯穿到国家对各项社会事务的处理当中，是国家赖以形成对事物"应该是什么样子"的认识的源泉。对于基本养老保险而言，发展理念体现在国家和社会对其中内含的公平与效率、政府与市场、权利与责任等关系的理解和判断中，对基本养老保险的制度目标、制度模式、运行机制等产生根本性的影响。

由于对中国职工基本养老保险制度模式争论的焦点是具有社会保险性质的"统筹账户"如何改革，故本书对发展理念的分析以社会养老保险为核心，兼论其与完全积累的个人账户及补充养老保险的关系。

一　社会养老保险的首要目标是促进社会公平，维护社会安全

社会养老保险是政府发起组织的、强制缴费的、以保障参保人基本生活为目的一项社会政策。国家发展社会养老保险的首要目标和根本目的是促进社会公平，维护社会安全。

从国际上看，无论是 20 世纪初期社会民主主义（国家社会主义）思潮影响下的德国俾斯麦政府首创的社会养老保险制度，还是 20 世纪 30 年代凯恩斯主义影响下的美国罗斯福政府建立的社会养老保险制度，其根本目的都是通过调节社会收入分配结构来促进社会公平，进而调和因紧张对立的经济关系所产生的分化对抗的社会关系，维护社会安全，促进经济发展，实现经济和社会发展相协调。德国和美国是社会类型不同但都具有世界影响力的大国。德国有集权主义的传统，强调政府对经济社会生活的干预；美国是自由主义

最忠实的信徒，总是尽可能地限制政府干预经济社会生活的权力。但这两个国家都选择了建立社会养老保险制度来为国民提供基本的老年生活保障，足见社会养老保险在促进社会公平、维护社会安全方面具有超越国家制度规定的适用性。中国是社会主义国家，社会主义的本质是"解放生产力、发展生产力，消灭剥削，消除两极分化，最终达到共同富裕"，发展社会养老保险更应是题中应有之义。

然而，社会养老保险在促进社会公平的时候，应当兼顾经济效率，不能以损害经济发展为代价，要做到公平与效率的适度平衡。

公平与效率的平衡一直是社会难题。社会发展到今天，除极端主义思想外，没有人会再认同不分年龄、性别、贡献等差异而将社会财富平均分配的绝对公平。这是因为如果摒弃效率对于社会财富分配的影响，让决定个人物质财富（包括养老金）数量的仅仅是外在的"公平"，社会生产和创造的动力将会衰竭。然而，单纯强调效率，无视社会公平，到头来也会毁灭效率本身。这是因为自由市场经济下，效率有天然地扩大收入差距的能力，如果放任自流、听之任之，必定会激化社会矛盾，产生破坏经济生产的社会力量，使生产和创造活动减速乃至停滞。

因此，社会养老保险在追求公平的时候应把握"度"，即对社会收入分配的调节要适度。但"度"在哪里，如何测量，却远远超出了经济技术的范畴，嵌入了经济、文化、习俗、政治体制、社会意识形态等诸多因素，难以形成共识和统一的标准。社会养老保险和私人养老保险之间的比例安排，社会养老保险内部对收入分配调节力度的选择等，在世界上各个国家都不尽相同。没有一个国家的社会养老保险是绝对优于其他国家的，各国都应选择最适合自己的社会养老保险制度模式。一国的社会养老保险制度对公平与效率关系的处理方式也不应一成不变，而应随着政治、经济、文化、社会等方面的变化而适时适度地作出调整。比如在生产力发展水平较低的时候，应强调效率多一些，社会养老保险缴费共济的程度和待遇水平相对较低；而当生产力发达之后，则应更多地强调公平，社会养老保险缴费共济的程度和待遇水平应相对提高。再如，一个国家在政府配置经济资源权力较大的时期，社会养老保险的筹资规模和待遇水平要相对较高，但为了调动企业和个人缴费的积极性，共济水平可相对较低；而在市场能够切实发挥配置经济资源的决定性作用的时期，社会养老保险的筹资规模和待遇水平可相对较低，由于市场激励作用主要体现在私人养老金领域，社会养老保险更要强调公平性，共济水平要相对较高。社会养老保险制度实际上是国家与民众就养老问题订立的契约，规定着国家、社会（企业）和个人的权利义务关系，以及权利义务关系随着内外因素的变化何时调整、如何调整的一整套机制。社会养老保障待遇也是由契约内在规定的，不能超越生产力发展水平、人口结构和政府出资责任等因素制约，而成为国家单方面对养老金待遇的刚性承诺，否则会破坏公平赖以维系的效率基础。

二　社会养老保险要厘清政府与市场的边界，避免陷入高福利陷阱

社会养老保险采取政府配置经济资源的方式，即通过强制性的制度安排来实现代际供养和代际内部的共济。社会养老保险最极端的形式就是以北欧、南欧数国为代表的高福利计划，政府通过征税或收费来筹集资金，为国民提供优厚的养老保障。目前仍在持续的南欧数国债务危机证明了国家福利主义的不可持续性。因此，社会养老保险要警惕泛福利化的危险。这就需要厘清政府和市场的边界。

中国正在向现代化国家转型，而社会转型成功的西方现代化国家有三个典型特征：观念上，主张平等的个人权利与自由；政治上，实行民主与法治；经济上，崇尚自由市场经济。思想观念、政治架

构、经济体制"三位一体",其核心是划清公权与私权的边界。这些国家普遍从宪法、法律、制度、政策设计上限制政府的权力,以给个人的自由和权利留出足够的空间。这种对公权与私权关系的认识,根植于人是理性的信念,相信每个人都能够做出利己的选择,在有关个人事务的决定上,政府并不比个人更精明、更有责任心。而且,如果公权过度介入本应由私权发挥作用的领域,政府势必要扩张官僚机构,通过税、费来集中过多的经济资源,企业、家庭和个人会由于掌握的经济资源相对变少而降低经济活动能力,越发需要政府扩大经济活动范围来弥补,于是整个社会走上计划经济的道路。主张明确界定政府与市场边界的信念,体现在养老问题上,就是反对福利国家主义,担心在民主政治架构下,民众对养老金水平越来越高的诉求及政府讨好民意的冲动会使福利水平不断膨胀,为此需要动用行政强制力集中越来越多的经济资源,相应挤占企业、家庭和个人的经济活动空间,弱化其自我发展和自我保障的意识和能力,也将使政府背负越来越重的养老保障压力,最终难以为继。

因此,世界银行和很多发达国家都积极推行多层次的社会养老保障体系,其中政府起主导作用的社会养老保险主要用于保障国民的基本生活,防止其陷入贫困,改善型的生活保障则主要通过私人养老保险来提供。对政府与市场边界的明确界定,有助于使政府对社会养老保险承担有限责任,避免泛福利化。中国共产党十八届三中全会已经提出"市场在资源配置中起决定性作用",市场应该在养老保障体系的资源配置中发挥积极的作用,政府举办的社会养老保险从筹资到待遇的设计上都应立足"保基本",以给企业和个人的自我保障形成较大的激励、留下较大的空间。

三 社会养老保险要求财政履行有限出资责任,稳定社会预期

社会养老保险要想实现维护社会安全的目标,就要能够为老年

人口提供基本的生活保障（"保基本"）和为工作人口提供稳定的养老预期。养老保障制度转轨形成的历史债务应由财政负担，这是学理论证的结论和国外实践的普遍做法，中国财政部门也予以认可。然而，财政仅负担转轨成本是远远不够的，单是人口老龄化、高龄化和市场经济的冲击，就会使社会养老保险很难独自完成"保基本"和稳定社会预期的任务，财政必须以"最后兜底人"的身份来履行应有的出资义务。

　　人口老龄化、高龄化会对现收现付的社会养老保险基金收支平衡造成越来越大的压力，需要财政出资来弥补养老金缺口。人口老龄化会因抚养比上升而加重基金当期的收支压力，人口高龄化则会因长寿风险而加重基金长期的收支压力。应对压力的办法，通常有延长法定退休年龄、提高缴费率（税率）、降低养老金替代率等。然而，国际实践表明，各国国民对延长法定退休年龄普遍是抵制的，甚至由此造成较大的社会动荡，因此，各国政府对待此事慎之又慎，政策操作空间有限。而且如果不调整计发办法（但频繁调整计发办法又会引发民众对政府的不信任），延长法定退休年龄只是暂时缓解而不能从根本上解决矛盾，未来的人均养老金水平会更高，基金负担会更重。提高缴费率会遭到企业和个人的反对，也会加重经济运行的负担，特别是像中国这样缴费率水平原本已经较高的国家，提升费率的空间非常有限。关于降低养老金替代率，在养老金待遇刚性的"共识"面前，很少有政府敢于做此决定。因此，为了维持政府承诺的"保基本"的养老金替代率，通过调整社会养老保险制度参数来缓冲日益增加的基金收支压力并非长久之计，很可能在某一时点之后，基金出现越来越大的净赤字，若无外来的资金补充，养老金将无法正常发放，社会将出现不安情绪。为了维护社会安全，财政应当出资弥补养老金缺口，以克服社会养老保险自身的局限性。因此，社会养老保险制度不应仅仅是一个自求财务平衡的经济政策，而应是一个以维护社会安全为重要目标的社会政策，政府理应与企业和个人一起组成"筹资共同体"。社会养老保险精算平衡也应是包括财政出资责任在内的基金收支平衡。

在市场机制作用下，按要素贡献获得收入的分配机制，使得资本相对劳动获得的收入越来越多，劳动收入差距逐渐扩大，以工资为筹资来源的社会养老保险越来越暴露出其筹资能力和保障水平的局限性，需要政府通过调节其他税收来弥补。随着技术进步和产业结构升级，资本和劳动收入差距扩大的结构性矛盾会加剧，表现为资本获得的收入份额越来越大，而劳动获得的收入份额越来越小；而在劳动收入当中，管理阶层、技术阶层与普通工薪阶层的收入结构也呈两极分化趋势，中低收入群体的规模越来越大。受此影响，一方面，社会财富的绝大部分不进入社会养老保险资金池，社会养老保险调节国民总收入的能力会逐渐下降；另一方面，工资中位数或加权后的社会平均工资会向下移动，以此为缴费基数，加上缴费基数上限的存在，将导致高收入者的很多收入不进入缴费基数，社会养老保险调节工资性收入的能力也会逐渐下降。如此，即使保持养老金替代率不变，但由于计发基数（通常与缴费基数相同或相关联）相对变小了，据此计算的养老金权益总额相对于国民收入的比重会下降，这意味着社会养老保险提供的经济保障水平会相对下降。这也是社会养老保险自身不能克服的局限性。如果不加以纠正，同样会引发社会矛盾。因此，政府需要将征收资本所得税、个人所得税等得到的预算收入的一部分向社会养老保险基金转移，以避免退休者经济地位逐步下降的风险，促进社会公平，维护社会安全。

总之，财政对于社会养老保险的出资责任是由社会养老保险制度的特点、经济运行机制、人口发展规律等因素决定的，具有一定的必然性。

第二节　政府的责任

政府对于基本养老保险的责任体现在两个方面：一是直接责任，即财政对于基本养老保险的出资责任，主要是克服市场按生产要素分配社会产品的局限性，履行"大政府"在财富分配领域应尽的职责。财政的责任边界是在基本养老保险"尽力"[①] 的基础上，弥补基础养老金缺口。财政责任在中央和地方之间的划分因基础养老金全国统筹的模式不同而应有区别。二是间接责任，即政府要通过稳定就业、保障劳动者收入来为基本养老保险制度提供缴费人口与资金。

一　财富分配领域为什么要求"大政府"

新自由主义一直在提倡"大市场、小政府"的理念，主张让市场发挥配置经济资源的基础性甚至决定性作用，而把政府的作用限制于提供公共产品，如法律秩序、国防、基础设施等。

但有一个适用前提经常被人们忽略，即"大市场、小政府"的理念只适用于财富创造过程，通过市场来调动企业和个人的生产积极性，政府不要随意干预私人领域，而应仅在公共领域活动。在国民财富的分配过程中，由于技术和资本的结合形成的力量越来越强大，单纯按生产要素的贡献来分配社会产品，无业者将一无所有，而就业者的收入状况也逐渐恶化。"生产－收入－消费"的经济循环遭到破坏，社会供给超过社会需求，只能通过周而复始的经济周期来暂时调和矛盾，但经济危机一次比一次更严重，对经济社会的破

---

① 即社会养老保险基金要做到应收尽收、适时适度调整制度参数（如延长最低缴费年限、延长法定退休年龄）、建立养老金正常调整机制等，否则社会养老保险制度会发生"道德风险"，过度向财政转嫁风险，无法发挥制度本身应有的功能。

坏性也越来越大。因此，财富分配过程中需要"大政府"，以克服市场按要素分配的缺陷。

二 政府对于基本养老保险的责任

（一）政府之于基本养老保险的职责界定

前文已述，仅将政府的责任定位于支付养老保障制度转轨成本是远远不够的。技术进步和资本深化会扩大劳动者内部的收入差距，中产阶层规模缩减，低收入阶层规模扩大，他们缴费比较困难，将普遍选择最低水平缴费（甚至以各种方式逃避缴费），而高收入阶层的相当一部分收入却不进入缴费基数，基本养老保险调节工资性收入的能力会逐渐下降。与此同时，人口老龄化、高龄化会对现收现付的统筹账户基金产生越来越大的支付压力。如果基本养老保险基金收支矛盾长期得不到解决，基金赤字将会出现并逐步增加，威胁养老金的正常发放。因此，财政要弥补基本养老保险制度自身筹资能力的缺陷，通过对资本和技术的收入征税来弥补对劳动收入征费的不足。从政府维护社会公平正义的职责，以及通过税收调节社会收入分配的能力看，它完全能够做到这一点。

虽然可以肯定的是，筹资能力风险（由于基本养老保险筹资能力下降带来的风险）、历史债务风险、老龄化风险、高龄化风险等造成的养老金缺口都需要财政来承担，但各类风险将来对缺口到底产生多大的影响在今天是难以准确估算的。

首先，筹资能力风险是由就业总量及结构、收入总量及结构、劳资收入分配结构等外部因素决定的，而这些因素背后起决定性作用的力量之一就是技术进步。在技术进步的持续冲击下，我们很难判断未来的就业和收入分配将发生怎样的变化，也很难把握基本养老保险制度参保人数量及缴费水平。因此，基本养老保险未来的筹资能力是不确定的。

　　其次，老龄化、高龄化程度本身虽然可以根据人口模型进行预测，但二者对养老金支出规模的影响并不确定，因为与之相关的工资增长率、贴现率需要人为设定，而这些与未来的经济社会形态、社会政策等密切相关，很难准确估计。

　　最后，历史债务是一个动态变化、模糊不清、争论不休的问题。这有两方面的原因：一方面，对历史债务的理解不一。既有向后看历史债务的观点，以"老人"和"中人"欠缴基本养老保险费的规模来计算历史债务总额；也有向前看历史债务的观点，以"老人"和"中人"未来养老金支出规模来计算历史债务总额。另一方面，历史债务是动态变化的，不仅与"中人"人数、"老人"人数、待遇水平、缴费基数等密切相关，而且极易受参数假设的影响。因此，不同时期、不同假设、不同基数测算出的历史债务规模差异很大，没有可比性。

　　客观而言，历史债务向前看比较公允。这是因为，就基本养老保险制度的设计而言，缴费或视同缴费是取得未来养老金权益的凭证和计算依据，与实账积累的个人账户养老基金是截然不同的设计思路，后者是"真金白银"。因此，历史债务真正的负担是"老人"和"中人"未来的养老金支出。但用这种方法计算历史债务，也要对很多参数进行假设，也具有不确定性。而且，以这种方式计算出的历史债务规模较大，任何时期的政府都不愿独自承担，也承担不起。

　　虽然我们很难区分养老金缺口是哪类风险造成的，也无法准确量化各类风险应担负的责任，但由上述原因产生的"债务"无论如何都会反映到未来各期的统筹基金缺口上面。因此，应将财政的责任界定为弥补"事后"的基金缺口，因为在基本养老保险制度"尽力"基础上，财政保证基础养老金发放的责任是明确的。这里的"尽力"指的是基本养老保险基金做到合理的"增收节支"："增收"

方面，包括调整制度参数（如延长最低缴费年限、延长法定退休年龄），做实缴费基数，扩大制度覆盖面，等等；"节支"方面，包括建立养老金正常调整机制、控制提前退休等。

（二）财政"补缺口"责任的类型

统筹基金"缺口"分为两种类型：一种类型是"当期缺口"，另一种类型是"长期缺口"。

1. "当期缺口"

"当期缺口"，即基本养老保险基金当期收不抵支而产生的赤字。"当期缺口"直接威胁养老金按时足额发放，财政不予以补足，会引发社会冲突，也有损政府信用。因此，"当期缺口"是财政无论如何都要尽力弥补的。

2. "长期缺口"

"长期缺口"，即当期政府对未来出现的养老金总缺口所应担负的责任。基本养老保险制度确立时，未来的政府是不在场的，它们无法表达意见，只能接受以往政府留下的"制度遗产"。众所周知，基本养老保险面临严峻挑战的时候不是在当前，而是未来。在人口老龄化高峰到来之前，人口年龄结构逐年老化，制度抚养比逐年提高，基金收支压力逐年增加。而且，人口老龄化对基金收支造成的压力在人口老龄化高峰之后仍会持续相当长的时间。

如果人口老龄化、高龄化程度较轻时期的政府不为未来出现的养老金缺口储备必要的资金，只顾及当期出现的养老金缺口，就是有意将人口老龄化、高龄化导致的养老金风险向未来的政府转移，这对于未来的政府是不公平的。因此，各期政府都应该公平分担未来出现的养老金总缺口，养老金总缺口可以通过长期精算平衡来得到。

3. "当期缺口"与"长期缺口"的关系

"当期缺口"是当期实际发生的养老金收支缺口，而"长期缺口"是在考虑未来资产与负债的基础上用精算平衡方法计算的理论上的养老金收支缺口。

在距离人口老龄化高峰期越远的时期，由于人口结构年轻，制度抚养比低，"当期缺口"通常会小于"长期缺口"；在人口结构、制度抚养比过了某一临界点之后，"当期缺口"就会大于"长期缺口"。

（三）当期财政与未来财政责任的划分

划分当期财政与未来财政的责任，即是合理确定各期财政对于"长期缺口"的责任，做到各期财政责任的跨期平衡。

1. 各期财政应负的"长期缺口"责任计算方法

引入"长期缺口"的目的是计算城镇企业职工基本养老保险基金实现中长期平衡所需的财政投入。可以采用在一个精算周期内（设精算周期为 T，如 75 年或 100 年），用精算平衡方法计算出未来各期养老金缺口贴现到当期而出现的"总赤字"，在精算周期内作平均分配，当期政府分到的份额为"总赤字"/ T。精算每年做一次，逐年滚动，逐年修正。"当期"也逐年向后递延。

根据对未来经济增长率、工资增长率、人口结构、预期余命等参数的估计，计算未来各期城镇企业职工基本养老保险基金的收入和支出，分别为 C_t 和 P_t，则可计算各期养老金缺口的贴现值。然而，在计算养老金净缺口时，还要减去以往积累的用于将来支付的养老金资产 A_0，由此得到总长期缺口 $S_{\text{长（总）}}$。

$$S_{\text{长（总）}} = \left(\sum_{t=1}^{T} \frac{P_t - C_t}{\prod 1 + r_t} \right) - A_0$$

其中，r_t 为各期的贴现率，T 为精算周期。A_0 在每年做精算时是变化的，如果前期政府向养老金资产增加投入，则 A_0 增加；如果前期政府向养老金资产支取资金，则 A_0 减少。A_0 要做持续的投资运营来实现保值增值。

按各期财政公平分担"长期缺口"责任的办法,当期财政的"长期缺口"责任 $S_{长(平)}$ 为:

$$S_{长(平)} = \frac{\left(\sum_{t=1}^{T} \frac{P_t - C_t}{\prod 1 + r_t} \right) - A_0}{T}$$

2. 当期财政为应对"长期缺口"而储备的资金数额

假设"当期缺口"规模为 $S_当$,则当期财政应对"长期缺口"投入的储备金额为:

$$R = S_{长(平)} - S_当 (S_{长(平)} \geq 0, S_当 \geq 0)$$

R 的值可能为正,亦可能为负。

(1) 当期财政的"正储备"

当 $R > 0$ 时,意味着"长期缺口"大于"当期缺口",当期财政不仅要弥补"当期缺口",而且要为将来的"长期缺口"储备资金,储备规模为 $| S_{长(平)} - S_当 |$。这意味着当期财政对未来进行了"正储备",这通常发生在人口老龄化、高龄化程度较轻的时期。

(2) 当期财政的"负储备"

当 $R < 0$ 时,意味着"当期缺口"大于"长期缺口",当期政府可以从以往积累的储备养老金资产中划拨 $| S_{长(平)} - S_当 |$ 用于弥补当期缺口,当期财政出资额仅为 $S_{长(平)}$。这意味着当期财政对未来进行了"负储备",这通常发生在人口老龄化、高龄化程度较重的时期。

(四) 各级财政责任的划分

中国进行分税制改革之后,分中央财政和地方财政两个部分。财政对于城镇企业职工基本养老保险基金缺口(包括"当期缺口"和"长期缺口",两类缺口责任的划分方法是相同的)的责任应在中央和地方两级财政之间进行合理划分，以体现财权与事权匹配、责任与能力相适应的原则。各级财政责任的划分办法应依基础养老金全国统筹模式的不同而有所区别。

1. "调剂金"式的全国统筹时期

在实行双层架构的"中央部分统筹"阶段（也称"中央调剂金"模式，指中央从各省统筹账户缴费中划拨一定的比例，在全国范围内调剂使用），各级财政责任划分的原则是"权责对应"，分担比例根据以下两种因素决定。

一是由中央和地方各自负责的统筹账户规模决定。在不考虑各省份统筹账户基金预算执行是否到位的情况下，对中央与第 i 省份而言，统筹账户的费率为 R_i（按国家统一政策规定，R 为 20%，但实际上部分省份低于 20%），中央归集的费率为 A（中央归集费率在各省份都相同），留给 i 省份的费率为 $(R_i - A)$。当 i 省份当期基础养老金缺口为 B_i 时，则中央财政负担的比重为 $A \times B_i / R_i$，i 省份财政负担的比重为 $(R_i - A) \times B_i / R_i$。

二是各省份是否做到了统筹账户基金的应收尽收。评价的依据是各省份年度基金收支的预算和决算执行情况。设定某省份年度统筹账户基金的预算收入为 $J_{预算收入}$，决算收入为 $J_{决算收入}$；基金的预算支出为 $K_{预算支出}$，决算支出为 $K_{预算支出}$。给基金收入的预算执行情况赋予的权重为 α，给基金支出的预算执行情况赋予的权重为 β，则 i 省份年度预算执行情况为 $U_i = \dfrac{J_{(i,决算收入)}}{J_{(i,预算收入)}} \times \alpha + \dfrac{K_{(i,预算支出)}}{K_{(i,决算支出)}} \times \beta$，$\alpha + \beta = 1$。

如果 $U_i > 1$，表明 i 省份统筹账户基金预算执行情况好于预期，则应减轻它分担缺口的责任，以示激励。

如果 $U_i < 1$，表明 i 省份统筹账户基金预算执行情况低于预期，则应加大它分担缺口的责任，以示惩罚。

（1）i 省份应负担的基础养老金缺口规模的计算方法

计算 i 省份应负担的基础养老金缺口规模可采取两种方法。

方法 1：

仅就 i 省份年度预算情况来决定其应分担的缺口规模。

$$G_{i省} = \frac{B_i \times (R_i - A)}{R_i \times U_i}$$

方法 2：

为了更客观地反映 i 省份统筹账户基金预算执行情况，可将之与全国平均水平比较，即用 i 省份预算执行系数与各省份预算执行系数平均值之比 $\dfrac{U_i}{\left(\dfrac{\sum_{i=1}^{N} U_i}{N}\right)}$ 来衡量（这里 N 代表全国的省份数，包括省、自治区、直辖市）。如果它大于 1，则相应减轻 i 省份的缺口负担水平；如果它小于 1，则相应增加其缺口负担水平。i 省份应负担的缺口规模为：

$$G_{i省} = \frac{B_i \times (R_i - A)}{R_i \times \dfrac{U_i}{\left(\dfrac{\sum_{i=1}^{N} U_i}{N}\right)}}$$

其中，$\dfrac{U_i}{\left(\dfrac{\sum_{i=1}^{N} U_i}{N}\right)}$ 表示 i 省份预算执行系数与各省预算执行系数平均值之比。

（2）中央对全国基础养老金缺口的分担

用全国基础养老金缺口规模减去各省份财政应负担的缺口规模，即为中央应负担的全国基础养老金缺口规模。

按方法 1 计算的中央应负担全国基础养老金缺口规模为：

$$G_{中央} = \sum_{i=1}^{N} B_i - \sum_{i=1}^{N} G_{i省} = \sum_{i=1}^{N} B_i - \sum_{i=1}^{N} \frac{B_i \times (R_i - A)}{R_i \times U_i}$$

按方法 2 计算的中央应负担全国基础养老金缺口规模为：

$$G_{\text{中央}} = \sum_{i=1}^{N} B_i - \sum_{i=1}^{N} G_{i\text{省}} = \sum_{i=1}^{N} B_i - \sum_{i=1}^{N} \frac{B_i \times (R_i - A)}{R_i \times \dfrac{U_i}{\left(\dfrac{\sum_{i=1}^{N} U_i}{N}\right)}}$$

省级及以下财政的分担办法也可照此确定。

2. "统收统支"式的全国统筹时期

基础养老金实现全国统收统支后，将各省份的统筹账户缴费收入全部集中到中央，然后按一定的规则给全国的参保退休人员发放基础养老金。基础养老金缺口仍将在中央财政和地方财政之间划分，但划分的依据除了各省份是否应收尽收外，还与各级财政收支能力相关。

（1）在中央与各省份之间分担全国基础养老金总缺口

以中央和地方财政收入能力为标准，若中央财政收入为 E，各省份财政收入分别为 F_1，F_2，$\cdots$，F_N，各省份财政收入之和为 F，全国基础养老金缺口总规模为 $G_{\text{全国}}$。设各省份统筹账户基金预算执行情况为 U_i，则全国统筹账户基金预算执行情况为 $\overline{U} = \dfrac{\sum_{i=1}^{N} U_i}{N}$。

各省份财政分担缺口总额为：

$$G_{\text{省总}} = \frac{G_{\text{全国}} \times F}{(E + F) \times \overline{U}}$$

中央财政的分担额为：

$$G_{\text{中央}} = G_{\text{全国}} - G_{\text{省总}} = \frac{E \times \overline{U} - F \times (\overline{U} - 1)}{(E + F) \times \overline{U}}$$

（2）在各省份之间划分缺口规模

这里选用三个指标。

第一个指标是某省份人均财政收入（f_i）与各省份人均财政收入之和的比值。如果不考虑其他因素的影响，该省份这一比值越大，相应分担的缺口比例越大。

第二个指标是中央对各省份的一般性财政转移支付系数，指中央财政对地方财政标准收支缺口的补助比例。此指标评价各省份财政的收支压力。该指标越高，说明地方财政收支压力越大，相应分担的缺口比例应越小。

第三个指标是统筹账户基金预算执行情况系数。某省份统筹账户基金预算执行情况越好，意味着该省份统筹账户基金"增收节支"工作做得比较好，其分担的基金缺口比例应越小。

就三个指标而言，第一个指标是分配的基础性指标，第二个指标、第三个指标为调节性指标，可构建综合性的调节系数。

设中央对各省份的一般性财政转移支付系数为 γ_1，γ_2，$\cdots$，γ_N；统筹基金预算执行情况系数为 U_1，U_2，$\cdots$，U_N。

首先，分别计算 i 省份一般性财政转移支付系数与各省份一般性财政转移支付系数平均值之比 z_i，以及 i 省份统筹基金预算执行情况系数与各省份统筹基金预算执行情况系数平均值之比 y_i。

$$z_i = \frac{\gamma_i}{\left(\dfrac{\sum_{i=1}^{N}\gamma_i}{N}\right)}$$

$$y_i = \frac{U_i}{\left(\dfrac{\sum_{i=1}^{N}U_i}{N}\right)}$$

其次，计算 i 省份的 z_i 和 y_i 加权之和的倒数。

$$v_i = \frac{1}{\dfrac{\gamma_i}{\left(\dfrac{\sum_{i=1}^{N}\gamma_i}{N}\right)} \times \delta + \dfrac{U_i}{\left(\dfrac{\sum_{i=1}^{N}U_i}{N}\right)} \times \theta}$$

最后，计算各省份的 v_i 之和 V。

$$V = \sum_{i=1}^{N} \frac{1}{\dfrac{\gamma_i}{\left(\dfrac{\sum_{i=1}^{N}\gamma_i}{N}\right)} \times \delta + \dfrac{U_i}{\left(\dfrac{\sum_{i=1}^{N}U_i}{N}\right)} \times \theta}$$

计算 i 省份的综合性调节系数 c_i，

$$c_i = \frac{v_i}{V} = \frac{\dfrac{1}{\left(\dfrac{\gamma_i}{\dfrac{\sum_{i=1}^{N}\gamma_i}{N}}\right) \times \delta + \left(\dfrac{U_i}{\dfrac{\sum_{i=1}^{N}U_i}{N}}\right) \times \theta}}{\displaystyle\sum_{i=1}^{N}\dfrac{1}{\left(\dfrac{\gamma_i}{\dfrac{\sum_{i=1}^{N}\gamma_i}{N}}\right) \times \delta + \left(\dfrac{U_i}{\dfrac{\sum_{i=1}^{N}U_i}{N}}\right) \times \theta}}$$

则可计算 i 省份的缺口分配比例 H_i。

$$H_i = \frac{f_i \times c_i}{\sum_{i=1}^{N} f_i \times c_i}$$

其中，δ、θ 是权重数，满足 $\delta + \theta = 1$。

在计算了 H_i 之后，可计算 i 省份应分担的养老金缺口规模为：

$$G_{i省} = \frac{G_{全国} \times F \times H_i}{(E + F)}$$

省级及以下财政的分担办法也可照此确定。

三　政府对于就业的责任

稳定就业等于是稳定基本养老保险。在技术进步、产业结构升级的冲击下，就业市场将进行持续的结构性调整。为了平抑就业市场波动，政府需要通过鼓励劳动密集型企业发展、资助就业培训、完善教育体系等方式来促进就业。

（一）鼓励劳动密集型企业发展

中小企业是用工的主体，同时也是用工成本相对较高的群体。政府应根据企业用工情况，通过发放稳岗补贴、减免税收、提供低息贷款、提供投资补贴等方式来促进中小企业的发展。由于市场分工日益细化，中小企业只要能够找准定位和形成自身特色，即使采用传统工艺，也能够在个性化消费渐成潮流的市场中找到生存的空间。政府在评估中小企业资质时，应适当降低门槛，提高风险容忍度，其中的一些企业即使运营失败，但它在这个过程中毕竟解决了就业问题和从业人员的收入问题，解决了经济循环中的社会需求问题。在就业安全和经济效益之间，政府应更多地考虑前者。况且这些企业的资产在被兼并重组后，仍是社会资产的一部分，未来仍将发挥创造财富、提供就业的功能。

（二）资助就业培训

我国目前普通劳动者占大多数，很多人文化水平不高、技能单一。面对技术进步和产业升级，他们可能会无所适从。而企业用工的习惯是不愿培训员工、只想招募熟练工，因为企业担心员工接受培训后被其他企业挖走。为了使企业在转型升级后仍能雇佣老员工，政府应为企业提供培训补贴，以解决企业培训的"外部性"问题。对于那些暂时失去工作的人，政府应发放"培训券"，让他们根据自己的兴趣和特长选择适当的培训项目，以尽快重新走上工作岗位。

（三）完善教育体系

政府促进就业最长远的打算应是完善教育体系。在未来，规模化、标准化的产品的生产者和服务的提供者很大程度上将被智能机器、自动生产线取代，人在这方面是没有竞争力的。然而，人的个性、情感、创造力所产生的带有强烈的个人色彩的东西是机器所无法生产的，包括个性化的产品、艺术以及无形的精神产品等。由于中国目前的教育体系建设、学科设置很大程度上借鉴了苏联和美国、英国等西方国家的经验，它本质上是为工业化生产服务的，理性计算、标准化、规则和分工明确等是其特征，而这些将来是人工智能、工业机器人的优势。因此，为了应对技术进步的冲击，中国应改变目前的应试教育制度，摒弃"标准劳动者"的培养模式，切实将教育的重心转移到素质教育上来，培养有创新激情、有求知欲、对世界充满好奇心和想象力的个性鲜明的人才。爱因斯坦曾说过，想象力比知识更重要。这些人将聪明才智用于创新和创业，就能够提供多样化的产品和服务，带动多样化的就业，而多样化的就业是最稳定的就业。

然而，客观而公正地说，人的自然禀赋是有差异的。无论是应试教育，还是素质教育，结果都是精英占少数，普通人占多数。在社会生产逻辑不改变的情况下，精英的创造力很容易和资本结合。社会分化的步伐可以被拖慢，但很难被阻挡。还是会有人被挤出劳动力市场，失业人数和失业时间都可能会增加。没有工作，就没有收入。政府应该通过转移支付对那些失去工作以及虽然有工作但收入偏低的人提供帮助。中国目前的失业保险、社会救助等制度正在发挥作用。但这些制度都有严格的限制条件，如失业保险规定了最长领取期限。将来，如果长期失业现象越来越严重，政府就应该及时调整帮扶政策，放宽领取条件限制，建立类似基本收入保障计划的制度，不管失业多长时间，失业者都能获得一份能够维持生活的收入。

"全民基本收入计划"是乌托邦吗？

"全民基本收入"，顾名思义，无论公民是否就业，无论财产多少，都可以获得政府提供的用于满足基本生活的现金。这听起来有些像乌托邦式的幻想。然而，令你意想不到的是，它在有些国家已经被讨论。

芬兰政府于2016年8月宣布，计划2017～2018年政府从"工作年龄"人员当中随机选择2000人，每月向其发放560欧元基本收入。有民调显示，69%的芬兰人赞同这一计划。还有不少人认为基本收入应更高一些。需要澄清的是，芬兰此举并不是增加公民的福利，而是简化社会福利制度，并刺激人们去积极就业，因为基本收入低于之前的社会福利。芬兰实施全民基本收入后，现有的失业金、住房补贴等将被取消。

瑞士政府也提出给全体公民每个人每月发税后 2500 瑞士法郎的建议，但在 2016 年 6 月举行的公投中被否决。理由是担心人们变懒，还可能吸引大量移民。

加拿大、冰岛、巴西也都讨论过类似的议案。

在美国，"全民基本收入"的新社会保障计划也受到学界和政府的关注，既是改革目前项目庞杂的社会福利计划的需要，也是出于对未来经济发展趋势的担忧。

不难看出，目前热议"全民基本收入计划"的多是社会福利水平比较高的国家，改革的主要目的是简化福利项目，代之以现金，促使患上福利病的人们去工作，避免他们担心收入提高而失去享受各种福利的资格。但不可否认，这些国家也在为将来的社会保障计划做准备。如美国的一些社会学者就认为，随着社会贫富差距拉大，以及科技进步对就业的冲击，在一个富裕的社会里，每一个公民，无论是否就业，作为社会的一分子，都有权利分享社会财富。

当然，中国是一个发展中大国，人口规模远超欧洲富裕的小国，人均 GDP 也低于经济发达的美国，在今后的很长一段时间里，不可能实行"全民基本收入计划"。但政府应从宏观经济社会发展的趋势中，不断加深对失业和贫穷背后原因的认识，从而调整收入分配政策，让每个人过上基本的、有尊严的生活。

资料来源：《芬兰将试行"全民基本收入"：每人每月发4200元》，新浪财经，http://finance.sina.com.cn/world/2016-08-28/doc-ifxvixer7352255.shtml。

第三节　基本养老保险筹资政策调整

技术进步会造成企业分化，劳动密集型企业虽然提供的就业岗位多，但经济效益相对较差，养老保险缴费负担相对较重，而技术密集型和资本密集型企业虽然提供就业岗位少，但经济效益好，养老保险缴费负担相对较轻。目前这种以职工工资为缴费来源的筹资政策显然不利于劳动密集型企业，而这类企业又是社会就业的主渠道。因此，需要适时调整筹资政策，以使各类企业的养老保险缴费负担和社会担当与其经济能力相匹配。

一　企业筹资政策调整

鉴于资本和技术的收入份额呈上升趋势，而劳动收入份额呈下降趋势，城镇职工基本养老保险筹资也要适应企业收入分配结构的变化。可设计短期和长期两种方案。

（一）短期内，保持企业现行筹资政策及参数不变，但对部分企业加征社会保险费

短期内，在技术密集型和资本密集型企业数量虽然不断增长，但技术和资本在社会总收入中的份额仍然低于劳动在社会总收入中的份额时，应保持企业以职工工资总额缴纳基本养老保险费的筹资方式不变，即所有企业以职工工资总额为缴费基数（禁止企业按职工缴费工资总额为缴费基数），但要对技术密集型企业和资本密集型企业的技术和资本收益加征社会保险费。① 在具体操作上，要确定征

---

① 微软创始人比尔·盖茨甚至提出要向机器人征税。反对者认为，如果是这样的话，也应该对自动终端设备、无人驾驶汽车等征税，因为它们也抢占了人们的工作机会。但如果要一个一个确定征税对象，一是工作量大，二是分歧和争议多，不太容易做好。无论如何这些先进技术获得的收入都会进入企业的利润，而对企业的收入征税比较容易做到，因此可以采用对企业的资本和技术收益征收社会保险费的办法。

税的范围。如可对税前利润占企业生产增加值的比例超过一定水平的企业，用该企业生产增加值乘以超过的比例作为征税基数；或是像收入所得税那样，对企业利润征收资本所得税。设置起征点，利润水平低于起征点的，免征资本所得税；起征点以上的，划分不同等级，实行累进税。无论何种方式，税率要合理，避免打击企业创新创业的积极性。此方案的优点是可以在不改变现行筹资办法的情况下，增加城镇职工基本养老保险基金的收入，缺点是没有减轻劳动密集型企业的缴费负担。

（二）长期内，对资本征收社会保险费

长期内，随着技术和资本对劳动力的不断挤压和劳动收入占比的不断降低，当资本收入占社会总收入的比重超过劳动收入占社会总收入的比重时，应改变目前企业以职工工资总额（或职工缴费工资总额）为缴费基数的办法，实行以企业上年度生产增加值（或税前利润）为缴费基数的政策，缴费比例根据测算重新确定，所有类型的企业执行同一标准。无论是高科技企业还是作坊式工厂，缴费水平不再受雇佣人工数量及人工成本的影响，只与企业的经济能力相关，经济效益好的企业多缴费，经济效益差的企业少缴费。劳动密集型企业利润薄，缴费少，主要承担容纳就业的社会责任；而资本密集型和技术密集型企业用工少、利润好，则多缴费，更多地承担为城镇职工基本养老保险贡献资金的经济责任。不同类型的企业的经济责任和社会责任能够得到较好的平衡。总体而言，改革后缴费方案将比改革前的方案筹集到更多的资金，因为资本的收入份额要高于劳动的收入份额。

二 个人筹资政策调整

个人筹资政策调整的重点在于调整缴费基数。具体而言，就是

要在放宽缴费基数下限的同时维持缴费基数上限不变，以使更多的低收入群体能够进入基本养老保险制度。尽管低收入者缴纳的资金较少，但总强于不参保或退保，对于改善当期基金收支平衡是有利的。至于将来养老金支出压力会因此而加大，则需要政府通过改变筹资方式、拓宽资金来源渠道等方式来提供资金支持。毕竟社会养老保险的初衷是保障国民的基本养老生活需要，收入越低的人越需要保障。

不少实行社会养老保险的国家，为了兼顾不同收入群体的缴费能力，设计了较大的缴费区间。如德国的缴费上限与下限之比为14（2008年），加拿大为12.8（2008年），捷克甚至超过48。中国目前执行的缴费基数区间为社会平均工资的60%~300%，上下限之比为5。有人主张，既然中国城镇职工基本养老保险统筹养老金的设计理念与德国相似，而且德国的收入差距也要小于中国，故而可以比照德国的缴费区间来扩大中国缴费基数的上下限。这其实是对中国城镇职工基本养老保险制度的误解。

中国城镇职工基本养老保险制度实行统账结合制。企业以职工工资总额为缴费基数。而个人基础养老金待遇与个人指数化缴费工资有关，指数化缴费工资越高，待遇越高。假设某人的工资是社会平均工资的600%，如果允许此人按实际工资缴费，在企业为此人缴费额度既定的前提下，个人缴费基数越高，缴费工资指数越高，最终获得的养老金待遇就越高。如果此人按社会平均工资的300%缴费，他的缴费工资指数就是2［（3+1）／2］；如果此人按社会平均工资的600%缴费，他的缴费工资指数为3.5［（6+1）／2］。个人缴费全部进入个人账户，个人账户权益全归个人所有，不进行社会统筹，因此，如果不设置缴费基数上限，高收入者会按自己的全部工资缴费，因为他们在为自己的个人账户积累资金的同时，还可以获得较高的基础养老金待遇。这对低收入群体是不公平的，也会增大基金的支出压力。因此，应维持缴费基金上限不变。

缴费基数政策的重点应是合理地确定缴费基数的下限，因为较高的缴费门槛将低收入群体拒于社会保障的大门之外，使他们不能分享社会养老保险制度"互助共济"的好处。缴费基数下限要根据社会收入分配状况而适时适度调整：在社会收入分配差距缩小时，应提高缴费基数下限；在社会收入分配差距扩大时，应降低缴费基数下限，甚至对于收入低于某一水平的人免收养老保险费，但应以该收入水平计算他们的指数化工资。

在放宽缴费基数下限的同时，也应调整计发办法，总的原则是缴费基数越低，基础养老金统筹的比例应越高，以为低收入者分配更多的养老金。

目前中国基础养老金待遇的再分配取决于缴费工资指数的再分配。缴费工资指数的再分配是一个经验公式：

$$f_{i,分配后} = f_i \times \left[1 - \left(0.5 - \frac{1}{2 \times f_i} \right) \right]$$

其中，f_i 为第 i 个退休人员的缴费工资指数，$f_{i,分配后}$ 为第 i 个退休人员的经过调整后的缴费工资指数。

如果将上述分配公式一般化，可得：

$$f_{i,分配后} = f_i \times \left[1 - \left(a - \frac{1}{b \times f_i} \right) \right]$$

可通过调整参数 a、b 来调整再分配力度。当缴费下限下调时，提高 a 或 b 的值，再分配力度就会加大，低收入者就能获得更多的养老金。

第四节　构建适应未来的养老保障制度模式

一　未来社会形态的变化

马克思在论述人从"必然王国"走向"自由王国"时，指出资本主义开创的物质生产力将是未来社会生产的基础，机器体系越来越成为节约社会劳动时间的利器，"为劳动摆脱自然必然性的限制"提供物质基础。也就是说，人们不再主要为生产物质产品而劳动。当机器高效地、不知疲倦地生产，不会罢工，不会像人类那样主张各种社会权利，"无情"地使用机器、"残酷"地压榨机器的劳动成果不会遭到世俗的道德批判的时候，人就具备了从"必然王国"解放出来转而进入"自由王国"的物质条件，只要社会改革得法，人就可以心无旁骛地专注于精神产品的生产。亚当斯甚至给出了到达这一美好社会的路线图："我们这一代人必须研究政治和军事来壮大国家，儿辈则要学习数学和工程来创造财富。这样，孙辈们才可以学习绘画、音乐和诗歌。"①

当然，这是理想社会的图景。尽管受人性的私心杂念、经济资源有限等条件约束，人类能否真正走进"自由王国"不得而知，但技术进步、资本深化对社会劳动的节约，以及技术、资本收入份额的逐步扩大却是一种趋势。受此影响，未来的经济增长很可能是去人工化的增长。埃里克·布莱恩约弗森和安德鲁·麦卡菲在《第二次机器革命》中写道：新一轮科技创新（主要是机器替代脑力的创新）在提高人均收入水平的同时，可能会产生大批失业或无业者。

马克思说过，人的本质在其现实性上是一切社会关系的总和。②经济关系决定社会关系，经济基础发生变化，上层建筑就要做相应的调整，以始终维护人在社会当中的主体性地位。当生产力的发展创造出来的社会财富能够让每一个人过上有尊严的生活时，那些不能很好分享果实的低收入者、失业者、无业者依靠什么生活、做什么工作，需要政府深入地思考并承担更多的责任。

---

① 《万字长文剖析有史以来影响世界的颠覆性技术，追踪世界文明的火光与科技崛起的足印》，搜狐网，http://www.sohu.com/a/147692319_505837，2017年6月10日。

② 《马克思恩格斯选集》（第一卷），人民出版社，1972，第18页。

二 从基本养老保险到国民年金

为应对技术进步的冲击，很多社会政策都要调整，职工基本养老保险制度自然也不例外。人们是否能够获得养老金以及获得多高水平的养老金，应不再取决于他们工作期间的工资水平，而主要取决于他们的国民身份，因为工作机会的减少和工资收入水平的下降并不是个人不努力的结果，而是生产力发展及其引起的生产关系变动的结果。届时，职工基本养老保险制度应转变成国民年金制度（当然收入分配制度也要进行相应的改革，如向资本征税，通过转移支付"救济"那些失去工作和收入的适龄工作人群，使他们维持较为体面的生活水平）。凡是中国公民在满足年龄条件时，自动获得一份养老金。国民年金的筹资主要靠征收资本税和个人收入所得税来获得，失业者或收入低于一定水平的人免税。国民年金的水平应随着资本收入份额的提高以及劳动收入分配差距的扩大而提高，因为到那时，对于大多数社会成员而言，国民年金将成为他们主要的养老金来源。

因此，在中国养老保障制度改革和完善的计划当中，很重要的一项内容就是提前着手筹划如何实现城镇职工基本养老保险制度向国民年金制度的转化，以使之适应未来经济社会发展的要求。

主要参考文献

［1］ 埃里克·布莱恩约弗森、安德鲁·麦卡菲：《第二次机器革命》，蒋永军译，中信出版社，2014。

［2］ 包群、邵敏：《外商投资与东道国工资差异：基于中国工业行业的经验研究》，《管理世界》2008年第5期。

［3］ 毕先萍、赵坚毅：《技术进步对中国就业总量及结构的影响》，《统计观察》2007年第5期。

［4］ 陈心颖：《技术进步就业效应行业差异量变动实证分析（1997—2012）》，《东南学术》2014年第5期。

［5］ 丁从明、刘明：《技术选择与劳动收入比重变迁的理论与实证研究》，《中国人口·资源与环境》2013年第7期。

［6］ 丁建定：《科学技术进步与当代美国就业机会的变化》，《自然辩证法通论》2007年第1期。

［7］ 董直庆、安佰珊等：《劳动收入占比下降源于技术进步偏向性吗？》，《吉林大学社会科学学报》2013年第4期。

［8］ 杜春亭：《技术进步与产业结构演进机理研究》，《陕西青年管理干部学院学报》2000年第4期。

［9］ 段远鹏、钟世川：《技术进步偏向对就业增长的影响》，《西部论坛》2015年第4期。

［10］ 冯素杰：《论产业结构变动与收入分配状况的关系》，《中央财

经大学学报》2008 年第 8 期。

[11] 冯泰文、孙林岩等:《技术进步对制造业就业弹性调节效应的实证分析》,《公共管理学报》2008 年第 4 期。

[12] 何洁、任富东:《技术进步漩涡对中国收入分配的影响分析》,《铜陵学院学报》2010 年第 3 期。

[13] 何平、骞金昌:《中国制造业:技术进步与就业增长实证分析》,《统计研究》2007 年第 9 期。

[14] 胡雪萍、李丹青:《技术进步就业效应的区域差异研究》,《上海经济研究》2015 年第 3 期。

[15] 黄先海、徐圣:《中国劳动收入比重下降成因分析——基于劳动节约型技术进步的视角》,《经济研究》2009 年第 7 期。

[16] 蒋永彩:《技术进步对贵州产业结构优化的影响研究》,《区域经济》2015 年第 1 期。

[17] 李冰:《技术进步与资本深化的就业效应分析》,《商业时代》2013 年第 9 期。

[18] 李健、徐海成:《技术进步与中国产业结构调整关系的实证研究》,《软科学》2011 年第 4 期。

[19] 刘春燕:《中国技术进步对就业影响的实证分析》,《金融与经济》2010 年第 8 期。

[20] 刘祖春、邓艳芳:《当前中国居民收入分配差距扩大原因及对策研究》,《湖北大学成人教育学院学报》2011 年第 2 期。

[21] 罗润东:《当代技术进步对劳动力就业的影响》,《经济社会体制比较》2006 年第 4 期。

[22] 曼纽尔·卡斯特:《网络社会的崛起》,夏铸九等译,社会科学文献出版社,2001。

[23] 蒲艳萍:《转型期的产业结构变动与中国就业效应》,《统计与决策》2008 年第 7 期。

[24] 齐建国：《中国总量就业与技术进步的关系研究》，《数量经济技术经济研究》2002 年第 12 期。

[25] 秦兴方：《〈资本论〉中技术进步与就业关系的理论阐释》，《当代经济研究》2008 年第 8 期。

[26] 邵文国：《科技进步与劳动就业的关系》，《华东经济管理》1995 年第 5 期。

[27] 孙永君：《技术进步是中国高增长高失业并存的原因吗?》，《江汉论坛》2014 年第 6 期。

[28] 王艾青、杨兆兰：《资本深化对就业的影响及其原因分析》，《西安邮电学院学报》2007 年第 2 期。

[29] 王丹枫：《产业升级、资本深化下的异质性要素分配》，《中国工业经济》2011 年第 8 期。

[30] 王光栋、叶仁荪：《技术进步对就业的影响：区域差异及政策选择》，《中国软科学》2008 年第 11 期。

[31] 王克迪：《信息技术对未来社会的影响》，《科学与社会》2016 年第 6 期。

[32] 王林辉、韩丽娜：《技术进步偏向性及其要素收入分配效应》，《求是学刊》2012 年第 1 期。

[33] 王林辉、赵景：《技术进步偏向性及其收入分配效应：来自地区面板数据的分位数回归》，《求是学刊》2015 年第 4 期。

[34] 王忠：《技术进步的技能偏向性与工资结构宽化》，《中国劳动经济学》2007 年第 7 期。

[35] 魏燕、龚新蜀：《技术进步、产业结构升级与区域就业差异》，《产业经济研究》2012 年第 4 期。

[36] 谢旭：《技术进步对产业结构的影响》，《科学学研究》1987 年第 4 期。

[37] 熊彼特：《经济发展理论》，孔伟艳、朱攀峰、娄季芳译，北京

出版社，2008。

［38］姚先国、周礼等：《技术进步、技能需求与就业结构——基于制造业微观数据的技能偏态性假说检验》，《中国人口科学》2005 年第 5 期。

［39］姚战琪、夏杰长：《资本深化、技术进步对中国就业效应的经验分析》，《世界经济》2005 年第 1 期。

［40］叶立梅：《从行业分层看城市社会结构的嬗变》，《北京社会科学》2007 年第 5 期。

［41］喻美辞：《进口贸易、R&D 溢出与相对工资差距：基于中国制造业面板数据的实证分析》，《国际贸易问题》2010 年第 7 期。

［42］曾卿卿译：《技术与就业》，《经济资料译丛》1959 年第 4 期。

［43］张晖明、丁娟：《论技术进步、技术跨越对产业结构调整的影响》，《复旦学报》（社会科学版）2004 年第 3 期。

［44］张杰、卜茂亮：《中国制造业部门劳动报酬比重的下降及其动因分析》，《中国工业经济》2012 年第 5 期。

［45］张亮亮、俞忠英：《如何动态考察收入分配的长期趋势和影响》，《学习与探索》2015 年第 3 期。

［46］张晓晖：《中国制造业资本深化和就业关系的实证分析》，《企业导报》2009 年第 5 期。

［47］张永鹏、苟靠敏等：《技术进步对产业结构影响的实证》，《统计与决策》2009 年第 12 期。

［48］赵利、曹惠：《技术进步影响就业结构的机理与例证》，《北京工商大学学报》（社会科学版）2008 年第 4 期。

［49］赵利、王振兴：《技术进步的就业效应：基于中国数据的经验分析》，《北京工商大学学报》（社会科学版）2010 年第 9 期。

［50］赵利、王植：《技术进步影响就业结构的实证研究》，《山东财政学院学报》2011 年第 4 期。

［51］ 钟世川、雷钦礼：《技术进步偏向对要素收入份额的影响——基于中国工业行业数据的研究》，《产经评论》2013 年第 5 期。

［52］ 钟世川、刘娟：《技术进步偏向与收入不平等的关系研究评述》，《重庆理工大学学报》（社会科学）2015 年第 12 期。

［53］ 周源、马煜天：《我国产业结构演化与就业关联性实证研究》，《商业研究》2011 年第 11 期。

［54］ 朱燕：《技术进步对中国产业结构升级影响研究》，《现代商贸工业》2010 年第 3 期。

［55］ 朱轶、熊思敏：《技术进步、产业结构变动对中国就业效应的经验研究》，《数量经济技术经济研究》2009 年第 5 期。

［56］ Douglas Jones, "Technological Change, Demand and Employment", *The Employment Consequences of Technological Change*, Derek L., Bosworth（ed.）, The Macmillan Press Ltd., 1983.

［57］ Katz, Lawrence F. and Kevin M. Murphy, "Changes in Relative Wages, 1963 – 1987: Supply and Demand Factors", *Quarterly Journal of Economics*, 1992（107）.

［58］ Paolo Pini, "Technical Change and Labor Displacement: Some Comments on Recent Models of Technological Unemployment", *Economics of Structural and Technological Change*, 1997（4）.

［59］ Pissarides C. A., *Equilibrium Unemployment Theory*, Basil Blackwell, 1990.

［60］ Stoneman, *The Economic Analysis of Technological Change*, Oxford University Press, 1983.

［61］ The Secretariat of the United Nations Conference on Trade and Development, *Trade and Development Report*, 2016.

后　记

　　本书是在我主持的"技术进步、资本深化对我国城镇企业职工基本养老保险筹资的影响"（2016 年中国劳动保障科学研究院基本业务费项目）课题报告的基础上修改完善而成的。

　　当初选择这个研究题目，缘于在地方的一次调研。座谈会上，在谈到基本养老保险基金的收支压力时，一位参会者讲了他的一个直观感受：那些市值大的高新技术企业对基本养老保险贡献的缴费非常有限，与盈利能力不匹配。当时的我正在苦苦思寻养老保障方面的研究题目，这位参会者的话立刻在我脑海里产生共鸣，我意识到这个现象及背后的原因值得深入研究。经过一段时间的思考，我选择从技术进步入手来研究它对基本养老保险筹资的影响。

　　这是一个跨领域的研究，涉及技术进步、资本、就业、收入分配、社会保障等多个领域，起初我自己也没有十足的把握。幸运的是，课题研究方案在社会保障研究所学术委员会会议上讨论时，得到了所领导和各位专家的支持。正是由于社会保障研究所"鼓励探索、开放包容"的学术氛围，我才有机会去完成这样一项研究。因此，本书的出版首先要感谢社会保障研究所的领导、同事的信任和关心，感谢他们在项目研究过程中给予的指导和帮助。同时也要感谢课题评审专家们对课题提出的意见和建议，使我在后续写作过程中受益匪浅。

　　由研究报告写成书，我要特别感谢我的爱人。我是一个想得多而写得少的人，认为问题想明白就行了，写出来费时费力，不如思考和阅读有效率。从研究报告到书，不仅要扩充大量内容，而且要直面研究报告中没有解决或没有很好解决的问题，对于体力和脑力都是一次挑战。因此，我最初并没有写书的打算。但我的爱人觉得遇见一个好的研究题目不容易，再三建议我把它写成书。督促之下，我开始了写作。为了给我腾出时间，那段时间她包揽了大部分家务。初稿写完的那一时刻，我想她是对的。还有我的女儿，这期间她经常独自在阳台上玩耍，令我们非常愧疚。写书的过程中，我发现一些问题自己并没有想明白，一些逻辑仍有漏洞。虽然我在书中尽力去弥补，但由于能力和水平有限，一些问题仍有待今后持续的思考和研究。

　　希望有机会遇到此书的读者多提宝贵意见，对此我总会心存感激。

张　兴

2017 年 10 月于北京